KB075015

한 정신과 의사의
37년간의 기록

일생동안 단 한 명의 정신분열병 환자라도 고친다면
내 삶은 구원받을 것이다.
구원받기 위해 나는 글을 쓴다.

한 정신과 의사의
37년간의 기록

Volume.4

나는 항구다

김철권 지음

안목

나를 낳아준 아버지와 어머니에게
그리고 나를 살게 하는 아내와 두 딸에게
이 책을 바칩니다.

차례

이 세상에 단 하나뿐인, 유일무이한 책

글이 말하기에 나는 입을 다물어야 한다. 글이 말할 수 없는 것에 대해서만 나는 말해야 한다. 그렇지만 몇 가지는 입을 열어 말할 수밖에 없다.

서른일곱 해 동안 정신과 의사로서 나를 키운 건 8할이 환자 였다. 진료실을 찾아온 환자를 통해 나는 삶의 진실을 배웠고 세상의 이치를 깨달았다. 이 책은 그것에 대한 기록이고 해석이다. 모든 환자는 이 세상에서 유일무이하기에 이 책 역시 세상에 단 하나뿐인 책이다.

진료실에서 만난 수백 명의 환자에 대한 기록이 넘쳐 충돌하기 시작했을 때, 처음에는 침묵하려고 했다. 수많은 글이 난무하는 이 세상에 또 다른 글을 보태는 것이 부질없다는 생각에서였다. 그러나 문득 진료실에서 그들과 나누었던 말을, 그들과 나 사이에 있었던 이야기들을 세상 사람들에게 말해 주고 싶다는 생각이 들었다. 그 생각은 곧 의무감으로 바뀌었고 그래서 책으로 내 게 되었다. 『죽은 아들 옷을 입고 자는 여자』는 애도와 멜랑콜리를, 『무지개 치료』는 진료실에서의 다양한 치료 방법을, 『사람들의 가슴에는 구멍이 있다』는 사랑과 욕망을, 그리고 『나는 항구다』는 정신과 의사로서 나의 치료 원칙과 철학을 담았다. 이책들은 지난 37년 동안 진료실에서 날아다닌 말들을 채집해 모은 하나의 도감圖鑑이다.

진료실에는 항상 말이 날아다닌다. 허공에 떠다니는 그 말들을 잡으려 한 지난 37년이었다. 환자들은 증상으로 나에게 말을 걸어왔다. 정신분석을 공부하기 전에는 환자가 하는 말에만 신경을 집중했다. 나는 증상 수집가에 불과했다. 그러나 정신분석을 공부한 후로는 말 뒤의 말을 들으려고 했다. 환자의 욕망을 읽으려고 했다. 신경증 환자들의 말은 문법적으로 맞지만 변형과 왜곡으로 위장되어 있었고, 정신증 환자들의 말은 비문非文이었지만 언제나 진실이 넘쳐 흘렀다. 증상은 말로 쓰인 상형 문자였고 그것을 해독하면 환자의 욕망을 읽을 수 있었다.

정신과 의사가 된 것이 너무나 큰 축복이라서 나는 자다가도 일어나 좋아서 웃고 잔다. 정신과 의사인 아내도 나를 따라 자다가 일어나 웃고 잔다. 의과대학 학생들에게 왜 정신과 의사가 이 세상에서 가장 위대한 직업인지 설명할 때 여러 가지 이유를 들어도 학생들은 나와 아내가 자다가 일어나 좋아서 웃고 잔다는 그 이야기만 기억한다.

소설가가 되는 것이 꿈이었지만 내 삶 자체가 한 편의 소설이

라는 것을, 진료실에 떠다니는 말들을 모은 것이 한 권의 소설책
이라는 것을 깨달았기에 나는 이번 생에 만족한다.

　내가 정신과 의사가 되기까지는 여러 사람의 도움과 가르침
이 있었다. 내가 정신과에 지원할 때 흔들리지 않도록 마음을 다
잡아 주신, 지금은 돌아가신 김병수 부산대학교 병원장님께 진
심으로 감사드린다. 정신과 교실에서 수련을 받을 때 나를 가르
치신 김명정 교수님, 변원탄 교수님, 서일석 교수님께도 진심으
로 감사드린다. 변원탄 원장님은 내가 전문의를 취득하고 양산
병원에 취직한 후 미국에서 2년 동안 공부할 수 있도록 도와준
고마운 분이시다.

　의예과 교양 수업에서 만난 이후 지금까지 한결같이 나를 아
껴주신, 지금은 은퇴하신 부산대 영문과 정진농 학장님께도 감
사드린다. 미국 UCLA 정신과학 교실에서 지도 교수와 멘토로
만난 리버만Liberman 교수와 그린Green 교수에게도 감사드린다.
나에게 Dr. Crazy Hero(미친 환자에게 미친 영웅)와 Dr. Sponge라
는 별명을 붙여준 리버만 교수는 나를 자기 곁에 두고 싶어 했지
만 비雨를 사랑하는 내가 사막 같은 LA에서 살 수는 없었다. 그
것은 운명이다.

　그리고 나이 오십 넘어 만난 임진수 교수님을 통해 나는 프로
이트와 라캉의 정신분석에 눈을 뜨게 되었다. 정신분석은 내가
환자를 이해하는 방식에 큰 변화를 가져왔다. 임진수 교수님께
진심으로 감사드린다.

영광스럽게 추천사를 써 주신 이근후 박사님께 진심으로 감사드린다. 꾸미지 않은 소박함과 따뜻함이 저절로 묻어 나오는 박사님은 히말라야 산처럼 언제나 듬직하게 서 계신 국내 정신의학계의 거목이시고 큰 어른이시다.

나는 어느 날 하늘에서 떨어진 사람이 아니다. 부모의 뼈와 살과 정신으로써 만들어졌다. 술을 좋아한 아버지로부터 술을 잘 마시고 뛰어난 해독 능력을 받은 것은 커다란 축복이다. 책을 좋아하던 어머니로부터 문학적 유전자를 받은 것 역시 커다란 축복이다. 그래서 나의 호는 주책(酒册)이다. 술과 책을 좋아한다는 의미다. 죽는 날까지 술을 마시면서 진료와 글쓰기를 씨줄과 날줄로 삼아 직물 짜기를 계속할 것이다.

니체의 영원회귀 사상을 빌어 가족에게 나의 사랑을 전하고 싶다. 악마가 내 귀에 대고 지금까지의 내 삶이 영원히 반복되어도 좋은지 묻는다면 나는 조금의 주저함도 없이 점점 더 크게 "Yes!" "Yes!" "Yes!"라고 대답할 것이다. 정신과 의사가 되었고 아내와 결혼했고 두 딸을 낳았기 때문이다. 그 세 가지는 지금까지 살아오면서 겪은 모든 실패와 후회와 좌절을 덮고도 남는 행운이다. 아내와 결혼해서 나는 내가 하고 싶은 대로 하고 살 수 있었다. 내버려 두는 것이 최고의 내조라는 아내의 말이 나에게는 진리다. 내버려 두는 것이 자식을 가장 잘 키우는 방법이라는 나의 자녀 양육 철학은 두 딸을 통해 분명하게 입증되었다. 두 딸은 건강하고 아름답고 슬기롭게 커 주었기에 나는 아버지로서 할 바를 다했다. 두 딸은 나에게 〈눈이 부시도록 멋진 아빠〉라고 하는데, 내가 눈이 부시도록 멋진 아빠로 살아올 수 있었던 것은 전적으로 가족 덕분이다.

　이 책에는 환자의 비밀을 보장하기 위해 여러 가지 장치를 해 두었다. 환자를 익명으로 기술하였고 글의 내용상 중요하지 않은 부분들은 실제와는 다르게 바꾸었다. 10년 동안 치료를 받았다는 말은 오랜 기간 치료를 받았다는 것을 의미하고, 전공의 K 선생은 전공의 선생을 대표하는 것으로 이해하면 된다. 환자의 편지나 메모나 상세한 면담 내용이 들어가 있는 부분은 본인에게 동의를 구했다. 이 책에서 어떤 부분들은 다소 성적인 느낌을 주는 표현으로 생각될 수 있다. 이는 정신분석적인 의미를 담아서 설명하려다 보니 나온 것으로 이해해 주시면 감사하겠다.

　본래는 정년 퇴임할 때 빨주노초파남보의 무지개색 7권으로 책을 내려고 했다. 그러나 랜섬웨어의 습격을 받아 초기 10년간의 기록이 완전히 사라져 버렸다. 다행스럽게도 일기 형식으로 블로그에 기록한 글은 살아남아서 이 책을 낼 수 있게 되었다. 오랜 세월에 걸쳐 쓰여진 글을 모아 책으로 내다 보니 내가 젊은 시절에 쓴 열정적이지만 과격한 글과 나이 들어 쓴 무난하기는 하나 다소 힘이 빠진 글이 뒤섞여 버렸다. 글을 쓴 시간 순으로 실을 수 있었다면 세월의 흐름으로 켜켜이 쌓인 내 생각의 지층을 볼 수 있었을 텐데 그 부분이 아쉽다.

　신문이나 잡지에 발표된 글들을 보고 여러 출판사들이 연락해 왔는데 그들은 내 글 중에서 선택하여 한 권의 책으로 내기를 원했다. 나는 많은 글 중에서 특정 글을 선택할 수 없었기에 그들의 제안을 거절했다. 선택받지 못한 글들은 죽음이며 그것은 내가 진료실에서 만난 환자들을 무화無化하는 것이기도 했다. 그런 점에서 나의 글을 네 권의 예쁜 책으로 만들어 준 안목 출판사 박태희 사장님께 진심으로 감사드린다. 표지와 간지를 내가 찍은 여행 사진으로 하자는 사장님의 제안은 내 글을 사랑하고 내 책을 아름답게 만들겠다는 진심으로 다가왔다. 그 덕분에 책이 정말로 예뻐졌다.

삶은 환상이고 산다는 것은 환상 속에서 또 다른 환상의 길을 걸어가는 것이다. 두 겹의 환상 속에서 나에게 삶의 지혜와 의미를 일깨워 준 이 글 속의 주인공들에게 진심으로 감사드린다. 다음 생이 있다면 진료실이 아닌 곳에서 건강한 모습으로 만나 술 한잔하고 싶다.

〈있는 것은 아무 것도 버릴 것이 없으며, 없어도 좋은 것이란 없다〉는 니체의 말로써 그리고 〈지난 37년동안 치열하게 살아왔기에 정신과 의사로서의 나의 삶은 무죄다〉라는 나의 말로써 이 글을 끝내려 한다. 내가 경험한 모든 것, 내가 만난 모든 사람이 오늘의 나를 있게 만들었다. 그 인연으로 내가 있기에 그 분들께 고맙다는 인사를 전한다.

2024년 1월에 주책酒冊 김철권

이근후

정신과 의사, 이화여자대학교 명예교수

"여보세요?" 반가운 목소리다. 오랜만이긴 하지만 김철권 교수다. 내년 정년 퇴임을 앞두고 그동안 진료한 환자들의 이야기를 네 권의 책으로 엮었는데 그 책의 추천사를 써 줄 수 있는지, 한 꼭지만 써 주면 4권에 똑같이 싣겠다고 조심스럽게 묻는다. 나는 더 들을 것도 없이 흔쾌히 승낙했다. 김 교수는 부산에서 태어나 거기서 교육받고 정신과 의사로 37년째 봉직하고 있다. 나와는 물리적 거리가 멀 뿐만 아니라 성장 과정도 다르므로 이질적인 부분이 많을 것이다. 그럼에도 불구하고 몇 번 되지 않는 공적인 만남과 네팔 의료 봉사를 포함한 〈가족아카데미아〉의 봉사와 같은 사적 모임에서 받았던 인상들로 나는 그에게 호감을 가지고 있었기 때문이다. 그리고 한 꼭지가 아닌 장문의 추천사를 써서 보냈는데 그 이유는 책의 내용이 좋아서이기도 하지만 책 곳곳에서 느껴지는 환자에 대한 김 교수의 열정과 헌신 때문이다.

그랬더니 바로 이튿날 아침 부산에서 서울로 올라와 내 사무실을 찾았다. 그가 말한 네 권의 책을 가제본해서 들고 온 것이다. 오랜만에 만났으니 할 이야기가 얼마나 많겠는가? 그런데 추천 사를 의뢰받은 처지이니 우선 책에 대해 궁금한 것을 집중적으로 물어보지 않을 수 없었다.

짧은 시간에 나에게 책의 내용이나 취지를 설명하는 것이 쉽지 않았을 것이다. 그런데도 나는 그가 말하고자 하는 바를 다 알아들었다. 마치 내가 평소에 그에게 호감을 가졌던 이유를 확인시키기라도 하겠다는 듯이 자신의 생각과 일상을 이야기해 주었기 때문이다.

나는 그의 이야기를 들으면서 우선 대견하다는 생각이 들었다. 상담이나 정신과에 대한 이론서는 많지만 김 교수의 책처럼 사례를 바탕으로 쓴 책들은 동서양을 막론하고 그리 많지 않다. 그 이유는 환자 개개인의 사연이 담겨 있는 내용이고 치료를 목적으로 취득한 의학 정보를 본인의 동의 없이 공개할 수 없기 때문이다. 김 교수는 글의 취지를 설명하고 환자에게 동의를 구했고, 또 그러지 못한 경우에는 비슷한 주제로 내원한 환자들을 아울러 한 사람의 경험처럼 서술했다고 하니 참 창의적이라는 생각이 들었다. 이런 점을 높이 사고 싶다.

그와 환담을 나누면서 증상만 보지 말고 사람을 보라는 그의 진료 철학과 환자가 자기를 성장시켜 준 스승이라는 말을 듣고 나는 깜짝 놀랐다. 내가 놀란 이유는 전자는 내가 1970년 연세대학교 전임 강사로 부임하여 첫 강의에서 학생들에게 들려준 이야기이고 후자는 2001년 이화여대 정년 퇴임 기념 강연에서 내가 한 말과 너무나 똑같았기 때문이다.

그가 쓴 글에는 증상 뒤에 숨어 있는 사람을 이해하려는 그의 진료 철학과 환자를 통해 그가 성장해 나가는 과정을 보여주는 부분이 곳곳에 드러나 있다.

우리가 공부한 정신치료 교과서에서 '환자들이 치료되는 수준은 치료자의 인격 수준에 비례한다'라는 말을 읽은 적이 있다. 그렇다면 환자를 대하는 치료자의 내공이 얼마나 쌓여야 환자에게 도움이 될까? 내 경험을 통해서 보면 수련의 초기 때는 교과서의 매뉴얼대로 따라 하느라 사람을 보지 못했다. 김 교수의 말대로 증상만 볼 것이 아니라 사람을 보아야 하는데……. 병이라는 것도 결국은 앓는 주체가 사람이기 때문에 사람을 먼저 이해하지 않고는 병을 깊이 있게 이해할 수가 없다.

그의 책을 찬찬히 읽어 보면서 내가 느낀 점을 하나하나 언급하는 것은 군더더기에 불과하니 내가 정신과에 입문한 초년병이었던 시절 경험을 하나 말할 필요가 있겠다.

하루는 주임 교수가 외래를 보는데 나에게 환자 한 분의 예진을 맡겼다. 예진이란 본격적인 진료에 들어가기 전에 간단한 정보를 알기 위해 하는 면담이다. 환자 개인의 신상 정보, 함께 있는 가족에 대한 정보, 병원을 찾아오게 된 이유 등등 심층적인 면담을 하기 위한 기초 자료쯤으로 생각하면 된다.

나는 처음 받아 본 주임 교수의 지시라 매뉴얼에 따라 성심성의껏 면담했다. 내가 질문하는 도중에 환자는 자기는 잠이 오지 않아서 도움을 받고자 왔는데 이런 것까지 일일이 다 말해야 하냐고 했고 나는 매뉴얼에 따라 '그것은 좀 있다가 이야기하고 내 질문에 먼저 대답을 해 달라'고 하면서 "가족은 누구누구와 함께 사십니까?"라고 물었다.

이렇게 예진을 끝내고 환자를 모시고 주임 교수 앞에 갔더니 환자는 대뜸 주임 교수를 향하여 나를 손가락으로 가리키며 "이 사람 도대체 무엇 하는 사람이에요?"라고 했다. 주임 교수는 내가 정신과를 공부하는 수련의라고 말했다. 그랬더니 환자가 화난 목소리로 주임 교수를 향하여 "이 사람 좀 똑똑히 가르치세요!"라고 말하고는 진료실을 나가 버렸다. 영문을 몰랐다. 나는 예의를 갖춰 성심성의껏 질문했을 뿐이었다.

내가 이런 부끄러운 고백을 하는 것은 김 교수의 글과 비교해 보라는 뜻이다. 이렇게 비교를 해야 독자분들은 서툰 질문과 세련된 질문을 구분할 수 있을 것이다. 내가 그때 김 교수가 말하듯이 증상을 보지 말고 먼저 사람을 보라는 의미를 알았다면 그런 질문은 하지 않았을 것이다.

김 교수는 37년이라는 긴 세월을 마음에 구멍이 뚫린 사람들과 대화를 나누면서 성장한 정신과 의사다. 환자와 나누는 그의 세련된 대화가 하루아침에 이루어진 것은 아니겠지만 37년이 흐른다고 모든 정신과 의사가 김 교수 같아지진 않는다.

나는 이 책을 의료에 종사하는 사람, 특히 정신과를 전공하여 사람의 마음을 돌보는 의료인은 꼭 읽어 보기를 추천한다. 그 이유는 책의 내용도 내용이지만 이런 사례를 찾아보기가 어렵기도 하고 찾았다고 해도 서술의 여러 장애 요인 때문에 속 시원하게 소개된 것이 없으므로 의료인에게는 소중한 텍스트 같은 역할을 해줄 수 있기 때문이다.

또 자기 마음에 관해서 탐구해 보고 싶은 일반인들에게도 추천해 본다. 정신과 질환은 마음의 병이기 때문에 육체적인 질환과는 달리 그 원인을 하나로 종잡을 수가 없어서 학자에 따라 가설이 많이 나올 수밖에 없다.

그중에 정신과 의사에게 진료를 받으면 확인된 환자(컨펌드 페이션트)라고 하고 불편하더라도 그냥 참고 일상생활을 한다면 미확인 환자(언컨펌드 페이션트)라고 하는 학자도 있다. 이 학자의 주장을 폭넓게 이해한다면 우리 모두는 정신 병리적인 소인이 있다고 하겠다. 이 책에 나오는 환자들의 이야기가 마음이 불편한 상태로 일상을 살아가는 많은 사람들에게 자기 마음을 비춰보는 거울이 될 수도 있어서 일독을 권해 보는 것이다.

이 책은 단순히 재미로 읽히는 책은 아니다. 환자 이야기를 다루고 있지만 결국은 우리들의 이야기인 것이다. 읽기에 따라서는 자기 성장의 한 단계를 높일 수 있는 책이기도 하다.

나는 독자들이 김 교수가 사례를 통해 삶의 철학적인 의미를 이야기하고 있는 것으로 이해해 주시기를 바라는 마음이 크다. 모쪼록 많은 독자와 이 책이 인연이 되어 독자들이 스스로 자신을 성찰하는 좋은 계기가 되었으면 하고 바란다.

죽은 아들의 옷을 입고 자는 여자 (1권)

이 책은 〈한 정신과 의사의 37년간의 기록〉 네 권 가운데 첫 번째 책이다. 『죽은 아들의 옷을 입고 자는 여자』, 이상한 제목이다. 짐작컨대 아들을 사랑하는 마음으로 죽은 아들의 옷을 입고 지내는 그런 사례가 아닐까? 하는 생각으로 책 제목과 같은 글을 제일 먼저 읽어 보았다. 아니나 다를까 사랑으로 인해 가슴에 구멍이 뻥 뚫린 환자와 나눈 슬픈 내용이 적혀 있다. 사랑과 애도에 관한 이야기다.

애도가 일어나려면 먼저 사랑하는 대상이 있어야 하고 그 대상을 잃어버려야 한다. 여기에 실린 글들은 삶이 곧 애도의 과정이라는 것을 보여주는 동시에 사랑하는 사람이 죽은 후 그 고통으로 괴로워하는 환자들을 통해 사랑의 기준을 제시해 주는 지혜로운 내용들이 많다.

내가 지금 읽은 '죽은 아들의 옷을 입고 자는 여자'는 사랑이 넘쳐서도 안 되며 또 그 사랑이 중요하다고 해서 잃어버린 사랑에 매달려 사회적인 역할을 소홀히 해서는 안 된다는, 사랑의 위치를 가르쳐 주는 기준이 될 수 있을 것 같다.

독자 여러분들이 이 책을 읽음으로써 김 교수가 생각하는 사랑과 애도를 넓게 공유했으면 좋겠다.

무지개 치료 (2권)

두 번째 책 제목은 『무지개 치료』다. 원고를 읽기 전에 김 교수로부터 이 책에서는 자신이 지난 37년 동안 시도한 다양한 치료 방법에 대해 썼다고 들었기 때문에 무지개를 응용해서 어떻게 치료를 한단 말인가? 그런 의문을 가지고 책을 읽기 시작했다.

이 책을 나는 아주 흥미롭게 읽었는데 그가 재미있게 이름 붙인 여러 가지 치료 방법들이 기발하면서도 내가 아는 어느 책에서도 못 보던 독창적인 방법이었기 때문이다.

환자와 의사소통을 잘하기 위하여 환자가 사용하는 말을 그대로 질문 형식으로 되묻고, 거친 욕을 하는 남자에게는 그 증상과 양립할 수 없는 동요 부르기를 과제로 내주고, 유행가 가사를 음미하면서 자신의 상황에 적용해 보도록 한다거나 웃음을 잃은 환자를 마술로써 웃게 하고, 지나간 삶이 아무 의미가 없다고 호소하는 노인에게 젊은 날 즐거웠던 시절에 찍은 사진을 함께 보면서 자신의 존재 의미를 일깨워 주고, 잘 씻지 않고 옷도 안 갈아입어서 냄새가 나는 만성 정신병 환자에게는 외래에 올 때 목욕하고 정장을 입고 오도록 자기관리를 구체적이고 직접적인 방식으로 안내하고, 그리고 타로 카드를 이용하여 환자가 자기 자신에 대해 스스로 공감하고 이해할 수 있도록 이끌어 내는 타로 치료 등 그가 시행하는 치료는 독창적이면서 동시에 각 환자에게 하나하나 맞추는 맞춤형 치료라는 생각이 들었다.

치료 방법도 방법이지만 환자를 치료하면서 치료자로서는 부적합한 생각을 하고 건성건성 환자를 대했다고 고백하는 부분도 여기저기 나와 있어서 적잖이 놀라기도 했다. 자신의 치료 과정이 치료자로서 부적합하다는 것을 고백하기란 그리 쉬운 일이 아니기 때문이다.

그러나 무엇보다 내가 높이 사고 싶은 점은 의사로서 환자의 치료와 회복에 도움이 된다면 마술이든 타로든 무엇이라도 배워서 적용하겠다는 환자에 대한 그의 열정과 헌신이다. 정신과를 공부하는 후학들이 이런 부분을 닮기를 기대하면서 추천한다.

사람들의 가슴에는 구멍이 있다 (3권)

〈한 정신과 의사의 37년간의 기록〉의 네 권 중 세 번째 책인 『사람들의 가슴에는 구멍이 있다』는 진료실을 찾아온 사람들의 사랑과 욕망에 대한 이야기를 담고 있다. 존재에 대한 사랑이냐, 소유에 대한 사랑이냐 하는 문제다.

사람은 태생적으로 '나는 누구인가?'라는 질문을 순간순간 하게 된다. 이는 자기 자신의 존재 의미를 찾으려는 노력이다. 존재 의미가 부족할 때, 사람들은 이러한 존재 결핍을 무언가를 가지지 못해서 생긴 소유 결핍으로 잘못 생각한다. 그래서 그 무언가를 가짐으로써 그것을 통해 자신의 존재 의미를 채우기 위해 자신이 가지지 못한 것을 욕망하는 어리석음을 범한다는 그런 내용인 것 같다.

김 교수의 정신분석적 지식과 경험을 바탕으로 써 내려간 이 글은 그의 글솜씨가 좋아 술술 읽힐 뿐만 아니라 소유 중심의 삶을 지향하는 현대인들의 마음에 대해 깊이 생각하게 하는 부분이 적지 않다.

나는 항구다 (4권)

『나는 항구다』는 김 교수가 펴낸 4권의 책 가운데 마지막 책인데 역시 제목이 이채롭다. 사례를 근거로 한 앞의 세 권과는 조금 다르게 이 책에는 그 제목이 시사하듯이 자기 성찰과 인격의 성장 그리고 무엇보다 의사로서 환자를 대하는 그의 치료 철학을 써 내려간 부분이 많다. 굳이 그에게 미리 듣지 않았다 하더라도 〈환자가 텍스트다〉〈환자는 의사의 스승이다〉〈진료는 마음공부다〉〈나는 뗏목이다〉 등 글의 제목만 보고도 나는 그의 치료 철학을 짐작할 수 있었다.

게다가 〈정신과 약을 먹어보는 정신과 의사〉라는 글에서는 약의 부작용을 직접 경험해 보려고 지금까지 자신이 환자에게 처방한 약을 다 먹어 보았다고 했다. 이는 의사인 김 교수 자신이 환자가 앉은 자리에 앉아서 먼저 환자를 이해하고 치료에 임하겠다는 그의 마음가짐을 잘 보여주는 대목이라 하겠다.

사람들은 누구나 처음에는 서투름에서부터 시작한다. 세월이 흐르고 경험이 쌓이면서 서투름은 숙련되어 가고 그러면서 시작할 때에는 몰랐던 생활 철학과도 연결된다. 한마디로, 성장하는 것이다. 보통 나이가 들면 인격이 성숙한다는 말을 많이 쓰는데 나는 성숙이라는 말 대신 성장이라는 말을 즐겨 사용한다. 성숙이라고 하면 성장할 수 있는 최고의 정점이라고 느껴져서 과연 그런 사람이 있을까? 하는 생각에서다. 물론 성숙이라는 단어가 의미하는 경지에 도달한 분도 없지는 않을 것이나 내 생각은 성숙은 정점일 뿐 그 이후가 없다. 그러나 성장은 끝이 없다.

각자의 능력이나 노력에 따라서 천차만별이지만 누구나 성장은 하는 것이다.

김 교수는 정년 퇴임을 앞두고 37년이라는 긴 세월을 환자들과의 인간관계로 일괄해서 살아왔다. 환자를 보면서 반성할 것도 있고, 깨달음을 얻을 때도 있고, 자랑스러운 것도 있고, 부끄러움도 체험했을 것이다. 사람들은 지나온 경험 중에 드러내고 싶은 것은 자랑하고 감추고 싶은 것은 숨기기 마련인데 그가 환자를 보면서 자신이 했던 경험이 어느 쪽이든 가감 없이 진솔하게 써 내려간 그런 부분이 더 돋보였다.

나는 이 추천사를 마무리하면서 김 교수가 처음에 했던 말이 생각났다. 그는 37년 동안 일기 쓰듯이 조금씩 정리해 둔 자료를 가지고 같은 주제로 묶어서 정년 퇴임 할 때 빨주노초파남보의 무지개색 7권으로 낼 계획이었다고 했다. 그런데 랜섬웨어 공격을 받았고 잠금을 풀어 주겠다는 조건으로 요구하는 돈의 액수가 너무 커서 초기 10년간의 기록을 완전히 잃었다고 했다. 나는 그 이야기를 들었을 때 굉장히 아쉽게 생각했다.
환자를 본 느낌이나 치료했던 방법을 그때그때 적어 놓기가 쉬운 일이 아닌데 그렇게 소중한 자료를 잃었으니 김 교수의 마음이 얼마나 아쉬웠겠는가? 그 자신이 아쉽기도 했겠지만 사례를 정리하고 자기가 치료했던 방법을 서술하는 그런 내용이니까 정신의학을 공부하는 후학들에게는 빼놓을 수 없는 좋은 자료였을 텐데 많은 부분을 잃어버렸으니 이 책과 관계있는 모든 사람의 아쉬움일 것이다.

그런데 문득 그것을 잃은 것이 오히려 다행한 일일지도 모른다는 엉뚱한 생각을 해 보았다. 그게 무슨 말인가? 김 교수도 안타까워하고 그 말을 듣는 나 역시 안타까워했는데 그 안타까움을 뒤로하고 잘된 일이라고 하니 이 글을 읽는 분은 의아해하실 것이다.

조금의 설명을 붙인다면 요즘이 어떤 시대인가? 많은 표현이 있지만 제일 많이 회자 되는 말은 100세 시대다. 비록 지금은 무지개색 7권의 꿈을 포기하고 4권으로 정년 퇴임을 기념하지만 100세 시대를 살면서 오히려 잃어버린 것이 전화위복이 되어 정년 퇴임 이후 김 교수의 인생 이모작의 지혜도 우리가 접할 수 있지 않을까? 라는 생각에서 그런 발상을 해 보았다.

그렇게 되면 김 교수가 인생 이모작에서 터득한 차원 높은 삶의 철학도 우리가 접할 수 있게 되니 우리로서도 즐거운 일이 아닐 수 없다. 시쳇말로 누이 좋고 매부 좋은 일이다.

'좋은 친구 한 명이 있다는 것은 온 세상을 얻은 것과 같다'라는 글귀가 있다. 좋은 친구가 단 한 사람이라도 옆에 있으면 이 세상은 새로운 의미가 있다. 나는 이 책이 바로 그런 책이라고 믿기에 김 교수에게 축하와 감사를 드린다.

끝으로 이 4권의 책은 김 교수의 말대로 지난 37년 동안 진료실에서 날아다닌 말들을 채집해 모은 하나의 도감圖鑑으로 많은 사람들에게 읽히기를 바라는 마음으로 추천사를 끝내고자 한다.

나는 항구다

　매일 수많은 배들이 항구에 들어온다. 어떤 배는 파손 정도가 가볍지만 어떤 배는 형체를 알아보기 힘들 정도로 심하게 파손된 채 온다. 배의 파손 정도에 따라 어떻게 수리하는 게 가장 적절할지 계획을 세운다. 수리 계획을 세울 때는 언제나 배의 상태를 중심에 둔다. 때로는 배의 건조 설계도가 필요하다.

　항구에 들어오면 배들은 안도의 한숨을 내쉰다. 항구는 그들에게 엄마의 품과 같이 안전감과 안정감을 준다. 나는 모든 배의 항해 일지를 꼼꼼히 읽어본다. 항해 일지는 그 배의 역사이고 삶 그 자체이다.

　모든 배는 자유로이 항해하다가 무사히 항구에 귀환하기를 원한다. 그런 소망을 품지 않은 배는 단 한 척도 없다. 일부는 그런 꿈을 이루기도 하지만 일부는 풍랑을 만나 좌초된다. 어떤 배는 살아남지만 어떤 배는 바닷속 깊이 침몰되기도 한다. 사람들은 그것을 운명이라고 부른다.

항구에서 보는 바다는 늘 잔잔하고 평화롭다. 그러나 조금만 멀리 나가면 감정 기복이 심하고 예측 불가능한 포세이돈의 파도를 만나게 된다.

배의 건조 연령이 20년 미만일 때는 자만과 혈기 때문에 포세이돈에 맞서다가 불운을 당하기도 하고, 70년을 넘어서면 엔진 자체가 노쇠해 조그만 파도에도 휘청거린다. 단단한 쇠로 아무리 튼튼하게 만든다 해도 세월이 흐르면 그 쇠에서 나온 녹이 배를 부식시킨다. 만들어진 모든 것은 결국 무로 돌아간다. 그것을 삶이라고 부른다.

지난 37년 동안 나의 삶은 항구에서 배를 수리하는 것이었다. 처음에는 화려하고 멋진 배를 고치는 것에 관심이 많았지만 세월이 흐르면서 배의 외양은 허상이라는 사실을 깨달았다. 낡고 이끼 끼고 부식된 배들도 각자 자신의 항해 일지가 있으며 그것은 배의 크기나 화려함과는 무관했다.

나이가 들어감에 따라 나는 항구에 들어온 모든 배들을 연민의 눈으로 바라볼 수 있게 되었고 그들을 진심으로 사랑하게 되었다. 그리고 이제, 내가 그들이고 그들이 나라는 마음마저 든다.

어느 날 내가 수리한 배 한 척이 나에게 말했다.

"당신은 항구입니다. 우리가 편히 쉴 수 있는 항구, 어머니의 품처럼 포근한 항구, 아버지처럼 기댈 수 있는 안전한 항구, 당신은 우리에게 항구입니다."

그러자 다른 수십, 수백, 아니 수만 척의 배들이 따라 말했다.

"당신은 항구입니다. 당신은 항구입니다."
아침에 눈을 떴을 때 그 말이 환청처럼 들려왔다.

그렇다. 나는 항구다. 모든 파손된 배를 안아 주고 감싸 주고
눈물을 닦아 주는 항구. 항구는 나의 운명이다.

환자가 텍스트다

좋은 정신과 의사가 되기 위해서는 교과서가 될 만한 책을 반복해서 읽어야 한다. 책에는 많은 학자들의 땀과 시간으로 얻은 중요한 연구 결과가 실려 있다. 그러나 날이 갈수록 책을 통해 지식을 익히는 것보다는 환자를 통해 의문을 떠올리고 그 의문에 답하는 과정이 훨씬 더 치료에 도움이 된다는 사실을 알게 된다.

같은 증상이라도 환자마다 그 의미는 다르다. 환자마다 살아온 삶의 궤적이 다르기에 기억도 다르다. 기억이 다르기에 나타나는 증상도 달라진다. 기억이 상징적으로 나타나는 것이 증상이기 때문이다.

환자는 상형 문자와도 같은 증상을 몸으로 보여 준다. 정신과 의사는 증상으로 표현되는 무의식적 기억의 의미를 해독하고 해석한다. 그런 점에서 정신과 의사는 환자가 보이는 증상의 의미를 읽어 내는 해독가이자 해석자다. 오래된 무의식의 층계를 조금씩 파고 들어가 발굴하는 고고학자이기도 하다.

모든 문제는 증상으로 나타나고 모든 대답은 증상에 담겨 있다. 환자가 보이는 증상 하나하나에 그동안 살아온 삶의 흔적이 담겨 있다. 증상은 읽기 어려운 한 권의 책과 같다. 그것을 한 페이지 한 페이지 넘기면서 환자가 이해할 수 있는 일상 언어로 풀어내는 것이 정신치료다.

　　정신과 의사에게 환자는 텍스트다. 환자의 말이 텍스트다. 환자가 드러내는 증상이 텍스트다.

환자는 의사의 스승이다

내가 젊었을 때는 환자를 잘 진료하기 위해 공부했다. 공부를 열심히 해야 환자를 잘 치료하는 줄 알았다. 그런데 어느 날 홀연히 깨달았다. 공부와 진료를 구분하는 것은 어리석은 일이다. 환자를 진료하는 것 자체가 공부다. 환자가 의사의 스승이다.

진료실에서 만나는 환자들은 모두 끊임없이 나에게 질문을 던졌다. 나는 때로는 대답하고 때로는 대답하지 못해 쩔쩔매었다. 질문을 던지는 사람을 우리는 스승이라고 부른다. 스승은 답을 가르쳐 주는 사람이 아니다. 정답이 없는 경우에는 더더욱 그렇다. 스승은 질문을 통해 제자에게 생각하는 힘을 길러주는 사람이다. 그래서 깨달았다. 아! 환자가 내 스승이구나.

정신과 환자들은 모두 정신과 의사에게 끊임없이 질문을 던진다. 때로는 말로, 때로는 증상으로. 그래서 환자는 의사의 스승이다.

진료는 마음수련이다

화병 증상으로 오랫동안 외래 진료를 받고 있는 한 70대 중반 할머니가 계신다. 남편이 알코올 중독이라 젊을 때부터 마음고생이 아주 심했다.

몇 년 전에 남편이 병으로 죽고 난 후 이제는 마음 편하게 사는가 했는데 이번에는 효녀이던 딸이 갑자기 백혈병에 걸려 작년 이맘때 죽었다. 남편을 잃었을 때와는 비교하기 어려울 정도로 상심했지만 할머니는 그런대로 잘 견뎌냈다.

요즈음에는 집에서 매일 불경을 듣고 한 달에 한 번 절에 가서 마음을 달래며 시간을 보낸다고 한다.

오늘, 그 할머니가 나에게 이렇게 말한다.

"지나고 보니 남편이 알코올 중독으로 나를 괴롭힌 거나 딸애가 죽은 거나 다 내 마음을 수련시키기 위한 것으로 생각됩니다. 내가 살날이 얼마나 남았는지는 모르지만 살아가면서 겪는 모든 고통이 다 내 마음수련을 위한 것이라는 생각이 듭니다. 젊었을 때는 그걸 몰라서 화도 내고 괴로워했지요. 그런데 내가 교수님

41

에게 부러운 것이 딱 하나 있는데 그게 뭔지 짐작하겠습니까?"

"글쎄요. 할머니가 저에게 부럽다고 여기는 것이 뭔지, 혹시
제가 더 젊다는 것인지요?"

"아닙니다. 젊다는 것은 이제 부럽지 않습니다. 내가 부러운
것은 교수님이 다른 사람들에게 참 좋은 일을 한다는 것입니다.
그게 내가 제일 부럽습니다."

"좋은 일이라니요? 제 직업인데요."

"직업이라고 하더라도 다른 사람들의 고통을 덜어 주는 것은
참 좋은 일입니다. 보시가 따로 없습니다. 내가 지금까지 살아오
면서 가장 후회되는 것은 먹고살기 바빠서 다른 사람을 위해 좋
은 일 한번 못해 본 것입니다. 그런데 교수님은 매일 다른 사람
들을 위해 좋은 일을 하니 그보다 더 좋은 일이 어디 있겠습니
까? 그게 바로 보시고 마음수련이지요. 나도 교수님으로부터 참
많은 도움을 받았습니다. 교수님의 웃는 모습만 봐도 마음이 편
안합니다. 교수님은 복 받을 겁니다."

"그렇게 말씀해 주시니 감사합니다. 그런데 제가 불친절하게
대하는 분도 많습니다."

"그러면 앞으로 그런 분들도 친절하게 대하면 되지요. 그게
진짜 마음수련이지요."

그 순간 가슴에 크게 와 닿는 바가 있었다. 아! 나에게는 진료
가 마음수련이자 참선이구나.

사람마다 마음을 수련하는 방법은 다를 것이다. 기도를 하거
나 명상을 하거나 요가를 하거나 심지어는 출가를 하는 사람들
도 있다. 마음수련을 하는 이유는 아마도 평온과 행복을 느끼기

위해서일 거다. 그런데 그런 감정은 다른 사람들을 돕는 행위를 통해 흔히 경험된다.

진료가 마음수련의 한 방편이라는 것을 깨우쳐준 할머니. 오늘도 나는 외래를 찾아온 환자분들을 통해 많이 배운다. 역시 환자가 내 스승이고 환자의 삶이 내가 공부해야 할 텍스트다.

정신과 의사는 위대한 영웅이다

전문의를 취득하여 의국을 떠나는 제자에게 말했다.

"내가 생각하는 정신과 의사는 무의식의 어두운 지하 감옥과 진실이 숨겨진 지하실을 찾아 떠나는 위대한 영웅이다.

오디세우스가 사랑하는 아내 페넬로페를 만나기 위해 고향인 이타케로 되돌아오는 기나긴 여정과 같다고 말할 수 있고, 오르페우스가 사랑하는 아내 에우리디케를 찾으러 지옥으로 내려가는 것에도 비유할 수 있다.

그 길이 외롭고 힘들더라도 나는 그 길을 떠난 것을 결코 후회하지 않는다. 무의식을 찾는 그 위대한 여행은 아무나 할 수 있는 게 아니다. 오직 자신의 주인이 되기를 원하는 사람만이 할 수 있다.

그러니 전문의를 취득한 후에 그 자리에 머무르지 말고 자기 자신을 찾아가는 여행을 떠나기 바란다. 나에게 정신과 의사는 위대한 영웅이다."

의사는 지게가 아니라 지게 작대기다

"교수님이 시키는 대로 하겠습니다. 무조건 교수님만 믿겠습니다." 적지 않은 환자들이 이렇게 말한다. 나에 대한 절대적인 신뢰와 믿음을 그런 식으로 표현하는 것이다. 그렇지만 환자가 자신을 돌보지 못하는 어린 아이거나 노인이 아니라면 그런 말을 계속하도록 그대로 두어서는 안 된다. 급성기 상태가 아니라면 의사는 환자에게 의존감이 아닌 자신에 대한 책임감을 일깨워 주어야 한다.

나는 자주 이런 비유를 든다. 정신과 치료를 받는 환자는 마음의 지게에 무거운 짐을 얹어놓은 사람이다. 짐의 무게가 무겁더라도 자기 지게는 언제나 자기가 져야 한다. 의사가 지게꾼이 될 수는 없다. 의사는 지게 작대기 역할만 해도 충분하다. 환자가 무거운 지게를 지고도 거뜬히 일어날 수 있도록 지지대가 되어 주는 것이다. 그 이상의 역할을 맡겠다는 것은 의사 자신의 욕망이 투사된 것이라고 봐야 한다.

프로크루스테스의 침대

그리스 신화에 나오는 프로크루스테스Procrustes는 '잡아 늘이는 자'라는 뜻을 지닌 이름이다. 그는 또 '유해한 자'라는 뜻의 폴리페몬이나 '얌전하게 하는 자'라는 뜻의 다마스테스라는 이름으로도 불렸다.

포세이돈의 아들로 알려진 프로크루스테스는 아테네 인근 케피소스 강가에서 살았다. 이곳에 그는 여인숙을 차려 놓고 손님이 들어오면 집 안에 있는 쇠 침대에 눕혔다. 쇠 침대는 큰 것과 작은 것 두 개가 있었는데, 키가 큰 사람에게는 작은 침대를 내주고 작은 사람에게는 큰 침대를 내주었다. 그래서 키가 침대보다 커서 밖으로 튀어나오면 침대의 크기에 알맞게 머리나 다리를 톱으로 잘라내고, 작으면 몸을 잡아 늘여서 죽였다.

테세우스는 이 악당의 여인숙에 들어가서 그를 똑같은 방식으로, 침대 밖으로 튀어나온 머리를 잘라서 죽였다.

전문가가 되면 스스로 프로크루스테스가 되는 사람들이 있다. 전문가뿐만 아니라 직위가 올라갈수록 자신만의 프로크루스테스 침대를 가지고 사람을 평가한다. 평가하고 판단한 후에 자신의 침대에 그 사람을 맞추려고 한다.

　나는 누구라도 누우면 그 사람의 키에 맞춰 늘어나기도 하고 줄어들기도 하는, 그래서 깊은 잠을 잔 후에 삶의 고통과 피로가 사라져 다시 삶의 모순에 맞설 용기를 얻는 그런 편안하고 안락한 침대가 되고 싶다.

새벽 진료

올해 들어 자주 새벽에 눈을 뜬다. 보통 밤 2시 반경이니 새벽이라기보다는 깊은 밤이 더 맞을 것 같다. 눈이 떠지면 어떻게 할까 생각해 본다. 다시 자려고 하면 잘 수도 있겠지만 굳이 더 자야 할 이유는 없다는 생각에 자리에서 일어난다. 따뜻한 물 한 잔을 마시고 병원 연구실로 온다.

병원에 들어서면 입구 CU 매점 안에 20대 남자 점원이 핸드폰을 보고 있는 장면이 제일 먼저 눈에 들어온다. 입구에 있는 긴 의자에 한두 명의 사람들이 옆으로 누워 자고 있고, 나이 든 경비 아저씨가 어기적어기적 걷고 있고, 보호자 신분증을 목에 건 여자 한 명이 멍한 얼굴로 의자에 앉아 있다.

연구실 건물 앞을 지키는 경비 아저씨는 언제나처럼 나를 보더니 자리에서 일어나 인사를 한다. 그렇게 하지 않아도 된다고 몇 번이나 말했지만 본인은 그게 편한 모양이다. 나도 목례하고 엘리베이터를 타고 연구실에 온다.

연구실에 도착하면 창문부터 열어 환기를 시키고 커피를 끓인다. 커피 한잔을 마시면서 창문 밖 어둠 속에 있는 맞은편 연구동 건물을 본다. 불이 켜진 방들이 드문드문 보인다. 조용하다. 연구실에 일찍 온 날에는 특별한 경우를 제외하고는 책을 읽는다. 그러다 문득 책보다는 환자라는 텍스트를 읽는 게 어떨까 하는 생각이 든다.

전공의 선생들이 담당하는 입원 환자의 진료 기록부터 찬찬히 살펴본다. 대체로 잘 기록되어 있지만 몇몇 부분은 부족하다는 생각이 든다.

면담을 통해 정신병리를 파악하고, 약물치료를 하면서 증상의 호전 정도와 약 부작용을 평가하는 부분에서는 꼼꼼하게 잘하고 있다. 매일 자세하게 적어놓은 면담 기록에서 환자를 호전시키려는 정성과 노력이 드러난다.

그러나 정신과 의사로서의 경험이 부족해서인지 환자 전체의 삶을 보는 시야는 좁아 보인다. 환자의 정신역동에 접근하는 방식도 조금 거칠고, 환자에게 맞는 정신역동 이론을 적용하기보다는 이론에 환자를 맞추려는 시도가 자주 눈에 띈다. 입원 환자의 진료 기록을 보면서 앞으로 전공의 교육 때 어떤 점을 보완해야 할지 많은 도움이 되었다.

그렇지만 새벽 진료를 통해 내가 얻은 가장 큰 성과는, 내가 1~2시간을 투자하면 환자로서 살아 온 기나긴 삶을 파악할 수 있다는 점이다.

오늘은 지난 20여 년 동안 8번이나 입원한 조현병을 앓고 있는 42세 남자 환자와 지난 10년 동안 5번 입원한 조울 정신병을 앓고 있는 45세 여자 환자의 일생을 읽었다.

제일 처음 발병했을 때부터 현재까지 살아온 그와 그녀의 삶을 읽으면서 어떤 부분에서는 밑줄을 긋고 어떤 부분에서는 아주 중요하다는 의미로 별표 5개를 그렸다.

아하! 이 환자는 이런 스트레스 요인이 재발을 촉발하는구나. 이 환자는 상태가 나빠지려고 하면 언제나 이런 징조를 보이는구나. 이 시기가 가장 좋았는데 그 이유는 뭐지? 이 환자에게는 이 약이 가장 효과가 있구나. 반대로 이 약은 견디지를 못하는구나. 이 환자가 느끼는 슬픔은 이거구나. 외롭겠구나. 이 여자는 남편으로부터 버림받을 것을 두려워하는구나.

두 환자의 대하소설을 읽고 그것을 A4 용지에 일목요연하게 정리해 본다. 그것을 가지고 담당 선생과 이야기를 나누면 환자 진료에 도움이 되겠지. 두 권의 대하소설을 읽다 보니 어느덧 여명이 밝아 오고 있다. 오늘 하루는 이렇게 시작된다.

인간적인 너무나 인간적인 정신과

나는 정신의학이라는 학문을 사랑한다. 어쩌면 내가 사랑하는 것은 정신의학이 아니라 인간의 마음을 읽어가는 정신분석인지도 모르겠다. 정신과에서 생물학적 치료 외에도 심리치료를 시행할 수 있어 나는 행복하다. 면담하면서 상대방의 눈을 보고 얼굴을 보고 목소리를 듣고 제스처를 볼 수 있기 때문이다.

그러나 이제는 정신과를 제외한 거의 모든 과에서 더 이상 사람을 보지 않는다. 사람 대신 컴퓨터 모니터의 진료 기록을 보고 사람 대신 검사 결과를 본다. 의사가 진찰하는 것이 아니라 검사실 기계와 방사선 기계가 사람을 진찰한다. 수술도 더 이상 사람의 피부를 만지면서 하지 않는다. 수술은 로봇이 하고 집도의는 로봇을 조작한다.

인간이라는 한자漢子는 사람과 사람 사이라는 뜻이다. 어릴 적 의사 선생님은 맥을 짚어주고 청진기를 가슴에 대어보고 배도 만져 주곤 했다. 무섭기도 했지만 안경 너머 시선은 따뜻했다.

이제 큰 병원에서는 의사들이 그렇게 하지 않는다. 의사와 환자 사이를 컴퓨터 모니터가 가로막고 있고 환자는 말하고 의사는 고개 숙인 채 컴퓨터 자판을 두드린다. 환자는 말없이 앉아 있고 의사는 모니터에서 검사 결과를 찾아내 읽어 주고 있다. 환자가 들어와서 나갈 때까지 의사는 환자 얼굴을 한 번도 보지 않고 진료할 수 있다.

인간적인 진료를 하기에는 세상이 너무 발전해 버렸다. 정신과가 다른 과에 비해 덜 과학적이기도 해서 인간적인 진료를 할 수 있는지도 모른다. 어쩌면 비용-효율성을 중시하는 현대 사회에서 정신과는 의학에서 사라질지도 혹은 병원에서 도태될 수도 있다.

그래도 나는 정신과가 좋다. 정신과 의사가 된 것이 너무 좋아 자다가도 일어나 웃고 잔다.

마음의 스펀지

"그렇습니까? 그 심정이 이해됩니다."

내가 환자를 보며 말했다.

"교수님은 정말로 저를 이해하세요? 제 상태가 어떤가요?"

교통사고로 아들을 잃은 40대 여자가 나를 쳐다보며 되묻는
다.

"부인은 지금 상실로 인한 우울증을 앓고 있습니다."

"저는 병명을 듣고 싶은 것이 아니라 위로받고 싶어요."

그녀는 윗옷을 열어 가슴을 보여 주었는데 얼마나 주먹으로
내리쳤는지 가슴 전체가 온통 멍들어 있었다. 순간 가벼운 충격
이 머리를 때렸다. 나는 아무 말도 할 수가 없었다.

그 일이 있고 난 뒤로 나는 외래에서 환자를 보기가 힘들어졌
다. 이전에는 증상만 보였다면 이제는 얼마나 괴로울까 하는 안
타까운 마음이 앞선다. 환자와 일정 거리를 유지해야 한다는 평
상심이 자꾸 무너진다. 슬퍼하는 사람의 손을 잡고 눈물을 닦아
주고 싶다. 도움이 된다면 안아 주고 싶다.

날이 갈수록 생각이 많아진다. 내가 올바르게 치료하고 있는 걸까? 증상을 찾아 진단을 내리고 약을 처방하는 것이 과연 도움이 될까? 증상만으로 인간의 정신을 이해할 수 있을까? 삶의 긍정적인 면은 외면한 채 애꾸의 눈으로 부정적인 면만 보는 것은 아닐까? 참고, 견디고, 극복하려는 개인의 노력과 경험을 간과하고 있는 것은 아닐까?

그날 이후로 나는 사람들의 이야기를 머리가 아닌 마음으로 듣기 시작했다. 몸으로, 마음으로, 피부로, 뼈로, 오장육부로, 스펀지처럼 그들의 눈물과 사연을 흡수하기 시작했다. 하나도 남김없이 빨아들이기 시작했다.

외래를 보고 나면 온몸은 물 먹은 스펀지처럼 그들의 이야기로 흥건히 젖었다. 무거워 움직일 수조차 없었다. 이전에 머리로만 이해할 때는 조금만 노력해도 내 몸에 배어 있는 그 물을 쉽게 말릴 수 있었다. 뒷산에 한번 갔다 오면, 술 한잔 마시면, 영화 한편 보면 물먹은 스펀지는 말라 보송보송해졌다.

그런데 가슴으로 받아들이면서 아무리 노력해도 마음의 스펀지는 쉽게 보송보송해지지 않았다. 계속 그들의 눈물이 배어 젖어 있었다.

그들은 나로부터 위안을 받는다고 하지만, 나는 그들을 통해 삶의 고통을 깨달음으로써 위로를 받는다. 내 마음의 스펀지를 늘 보송보송하게 만들어 필요하면 언제라도 그들의 눈물을 닦아주는 것, 그 일이 바로 내가 살아있어야 할 그리고 살아가야 할 이유다.

진실은 결코 요약의 그물에 걸리지 않는다

　매일 아침 모임 시간에 전공의 선생들이 발표하는 입원 환자 기록을 듣는다. 그때마다 나는 언제나 묘한 기분에 사로잡힌다. 출생, 유년 시절, 학창 시절, 군대, 사회생활, 결혼, 출산, 때로는 이혼과 사별, 자식의 결혼, 배우자의 죽음 등, 한 인간의 삶이 파노라마처럼 펼쳐진다. 전공의 선생은 정해진 양식에 따라 부지런히 그 사람이 살아온 삶의 궤적을 말한다.

　지난 1년 동안 아침마다 입·퇴원 환자 기록을 들었다. 각 개인의 삶이 환영처럼 눈앞에서 펼쳐졌다. 참 기구하구나, 참 슬프고도 슬픈 인생이구나, 저 정도면 괜찮은 삶이구나. 여러 가지 생각과 감정이 자연스럽게 일어났다. '저 순간이 저 사람 인생의 화양연화였겠구나', '그때 그렇게 하지 말았어야 했는데'라는 안타까움도 느껴졌다.
　타인의 삶이지만 지나온 삶을 돌이켜 바라보니 무엇이 알맹이고 무엇이 쭉정이인지 알 것 같다. 삶의 고비 고비에서 사람들이 어떻게 행동하는지 생생하게 보게 된다.

그러나 5분 안에 한 사람의 일생을 듣는다는 것이 과연 가능하기라도 한 일인가? 태어나서 병의 증상을 보여 입원한 어제까지의 삶을 단 5분 안에 정리 요약할 수 있다는 것이 놀랍기도 하지만, 그 정리와 요약이 실제 그 환자의 삶을 얼마나 반영하고 있을지는 의문이다.

요약은 그물이다. 사람들은 요약이라는 그물에 걸리는 것을 본다. 그것이 중요하다고 생각한다. 그러나 그 그물 사이로 빠져나가는 것이 훨씬 더 중요하다. 그물에 걸리는 것은 사실fact이지만 그물 사이로 빠져나가는 것은 진실truth이기 때문이다.

진실은 결코 요약의 그물에 걸리지 않는다. 그럼에도 요약하는 이유는 그물에 걸리는 사실을 보기 위함이 아니라 그 그물 사이로 빠져나가는 진실을 알기 위해서다.

증상 사냥꾼과 진단 추적자

요즘 정신과 전공의 선생들을 보면 우려스러운 점이 여럿 있다. 가장 걱정되는 점은 환자가 아니라 증상을 우선시한다는 것이다. 증상을 찾는 데 치중하다 보니 정작 그 증상 때문에 괴로워하는 환자를 보지 못하는 것이다.

"교수님, 아무리 생각해 봐도 이 환자는 환청이 있습니다. 그런데 자꾸 숨기려고 합니다."

회진을 끝내고 의사실에서 전공의 K선생이 괴롭다는 표정을 지으며 말한다.

"귀에서 소리가 들려 괴로운지 환자에게 물어보지?"

"수십 번도 더 물어보았는데 자꾸 없다고 합니다."

"본인 입으로 없다고 하면 없는 거지 그게 무슨 걱정할 일이 되나?"

"그렇지만 함께 있는 다른 환자 말로는 그 환자가 귀에서 소리가 들린다고 했다고 해서요."

"그렇다면 그 환자는 주치의보다는 다른 환자를 더 신뢰하는 모양이네. 말이 나온 김에 하나 물어보자. 환자가 입원하면 왜 증상을 알아보려고 하지?"

"증상을 알아야 진단을 내릴 수 있기 때문입니다."

"그렇다면 왜 진단을 내려야 하지?"

"진단을 내려야 올바른 치료를 할 수 있기 때문입니다."

"왜 치료를 해야 하지?"

"그건…… 증상을 없애기 위해서입니다."

"왜 증상을 없애야 하지?"

"그래야 치료가 되니까요."

"왜 치료를 해야 하지?"

"그게…… 잘 모르겠습니다."

K선생이 당황한 표정으로 고개를 숙인다.

"K선생의 머릿속은 증상을 찾고 진단을 내려야 한다는 생각으로 꽉 차 있는 것 같다. 그것도 중요하지. 그렇지만 더 중요한 것은 왜 증상을 찾아 진단을 내려야 하는지, 왜 치료를 해야 하는지 그 이유를 생각하는 것이야.

우리가 환자를 치료하는 이유는 도움을 주기 위해서야. 생활하는데 불편하지 않도록 도와주는 것, 그게 치료를 하는 이유야. 그런 점에서 보면 증상이나 진단명은 생각보다 덜 중요할 수도 있어. 진단은 필요에 의해 만들어진 것일 뿐 그것으로 한 사람의 정신세계를 재단하기에는 충분하지 않아.

한번 눈을 감고 생각해 봐라. 한 사람이 괴로워하고 있다. 어떻게 하면 그 사람을 도와줄 수 있을까? 증상보다, 진단명보다 사람을 먼저 생각해야 해. K선생, 우리는 증상 사냥꾼이 아니야. 우리는 진단 추적자도 아니야."

이야기를 하고 나니 '또 뻔한 말을 했구나' 하는 생각이 들지만, 그래도 증상보다 진단명보다 환자라는 사람을 더 우선해야 한다는 말은 아무리 강조해도 지나치지 않다.

현문우답

젊은 날, 환자와의 대화를 떠올려보면 나의 대답은 한결같이 어리석기만 하다. 현문우답이라는 생각이 든다.

환자가 묻는다. "저는 누구입니까?"
내가 대답한다. "당신은 경계성 성격장애 환자입니다."

환자가 묻는다. "저는 왜 술이 당깁니까?"
내가 대답한다. "당신은 알코올 중독 환자이기 때문입니다."

환자가 묻는다. "저는 왜 우울합니까?"
내가 대답한다. "당신은 우울증 환자이기 때문입니다."

환자가 묻는다. "저는 왜 불안합니까?"
내가 대답한다. "당신은 불안증 환자이기 때문입니다."

환자가 묻는다. "저는 왜 약을 먹어야 합니까?"

내가 대답한다. "당신은 환자이기 때문입니다."

환자는 몇 번 질문하고는 더 이상 묻지 않는다.

왜 나는 환자의 질문에 어리석은 대답을 했을까? 오랜 세월이 지나고서야 그 이유를 알았다. 환자가 묻는 질문에 의문을 품지 않았기 때문이다. 의문을 품지 않으니 생각하지 않았고 생각하지 않으니 사고하는 힘이 떨어졌다. 기계적으로 진단명을 붙이고 그것에 맞추어 약을 처방하는 것이 내가 해야 할 모든 것이라고 생각했다. 한마디로 아는 게 없으니 어떻게 대답해야 할지 몰랐던 것이다.

환자가 묻는 질문은 핵심적인 의문이다. 환자가 던지는 질문을 화두로 삼아 치열하게 생각하고 공부하는 길이 좋은 정신과 의사가 되는 첩경이다. 환자를 통해서 나의 무식함을 깨닫기에 환자는 나의 스승이다.

정신과 의사의 수준

사무라이가 주인공인 일본 영화를 보면 무사의 수준을 세 단계로 나눌 수 있다.

가장 낮은 단계는 자신의 강함을 믿고 상대방을 무참하게 베는 것이다. 그보다 높은 단계는 상대방을 제압하여 자신에게 머리를 조아리게 만든다. 그렇게 하면 결투에 패한 상대방은 굴욕감을 느끼고 마음속으로 복수의 칼날을 갈게 된다. 가장 높은 단계는 상대방을 제압하되 감화시킨다. 자신의 강함을 분명하게 드러내지만, 상대방이 약하다고 무시하지 않는다. 결투에 패한 상대방을 존중함으로써 패자는 승자에게 존경심을 갖게 된다.

사무라이 영화를 보다가 문득 정신과 의사의 수준 역시 세 단계로 나눌 수 있겠다는 생각이 들었다.

보통의 단계는 환자와 가족의 말을 경청하고 진단 체계에 맞추어 진단을 내리고 그에 따라 약을 주는 단계다. 이 단계에서는 증상에 초점을 맞추어 치료해 나간다.

　그보다 더 나은 단계는 환자와 보호자가 하는 말의 내용보다는 그 뒤에 숨어 있는 욕망을 읽는 단계이다. 이때도 경청이 중요하지만, 말의 내용보다는 왜 그런 말을 하는지 그 마음을 헤아리는데 더 초점을 둔다. 외래에 오는 환자들은 대부분 자신의 본심을 잘 드러내지 않는다. 의식적이든 무의식적이든 자신의 욕망을 숨긴다. 그렇기에 표면에 드러난 것 너머를 읽어내는 능력을 갖춘 정신과 의사는 훨씬 더 환자의 마음을 잘 이해할 수 있다. 이 단계까지는 지식의 차원이다.

　정신과 의사로서 가장 높은 단계는 환자를 보다 성숙한 인간으로 성장시키는 것이다. 환자가 가지고 있는 좋은 점을 주춧돌로 해서 그의 성장을 돕는 것이다. 환자가 건강한 시민으로 살아갈 수 있도록 이끄는 것이다. 이 단계에 도달하려면 정신과 의사 스스로 마음 수양에 힘써야 한다. 이 단계는 지식을 넘은 지혜의 단계이기 때문이다.

〈정진사〉 수도승으로 살아가며

오랫동안 나는 일상생활과 수행은 별개라고 생각했다. 물론 책을 통해 일상이 곧 수행이고 평상심을 유지하는 것이 깨달은 상태라는 말을 많이 듣기는 했지만, 그 말이 가슴에 와 닿지는 않았다.

수행을 한다는 것은 세상사 모든 것과 거리를 두고 고요함 속에서 자신을 찾아가는 것으로 생각했다. 그래서 마음 한편으로는 수도자들의 청빈하고 단순한 삶을 늘 동경해 왔다.

그러나 나이 60이 넘은 지금은 수행에 관한 생각이 달라졌다. 삶이 곧 수행이라는 것을 깨달았다. 계기는 분명하지 않다. 다만 '이 세상에 태어난 이상 무엇인가 의미 있는 일을 하고 죽어야 하지 않겠는가?', '내가 남에게 도움이 되는 일이 무엇일까?'라는 생각은 계속해 왔다.

그리고 어느 날 문득 이런 생각을 하게 되었다. 아! 나를 찾아오는 환자분들을 잘 치료하는 것보다 더 남에게 도움이 되는 일이 어디 있겠는가? 심리적 고통을 겪는 사람들에게 그 고통을 덜어 주고 나아가 다시 두 발로 설 수 있는 용기를 주는 것만큼 의미 있는 일이 어디 있겠는가?

불가佛家에서도 보시에 있어 가벼운 것은 재물이며 무거운 것은 마음이라고 하지 않는가? 남을 배려해서 선을 베풀고자 하는 마음을 지닌다면 그것만으로도 이미 보시행은 시작된 것이다.

깨어 있는 사람은 각자 자신이 하는 일로 다른 사람을 도우며 산다. 모든 직업이 다른 사람을 도울 수 있는 방편이 되는 것이다. 그래서 나 역시 정신과 진료를 통해 사람들에게 도움을 주려고 한다.

오늘 나는 '정신과 진료실'을 줄여 〈정진사〉라는 암자를 하나 만들고 그곳에서 수행하는 수도승으로 살아가기로 마음먹는다. 한 사람 한 사람 정성을 다해 치료하면 그것보다 더 좋은 수행이 있겠는가? 〈정진〉이라는 단어는 '힘써 나아가다'라는 의미니까 더욱 마음에 든다. 세상의 이치가 바로 옆에 있는데도 그동안 너무 멀리서 찾은 것 같다.

나는 뗏목이 되고 싶다

정신과 의사로서 나는 절박한 사람들을 많이 만난다. 어느 정도 절박하냐 하면 자신의 목숨을 거는 절박함이다. 그들은 목을 매닮으로써, 높은 곳에서 뛰어내림으로써, 약을 과량 복용함으로써 자신의 고통과 슬픔을 말한다. 그리고 자발적으로 혹은 주위 사람에 의해 병원에 온다.

어떤 사람이 물에 빠져 허우적댄다. 지푸라기라도 잡으려고 발버둥친다. 이때 동정과 연민만으로 그 사람을 구하려고 손을 뻗어서는 안 된다. 자신이 지푸라기라면 둘이 같이 허우적대다가 가라앉는다. 그도 살고 나도 살려면 적어도 내가 큰 나무 몸통 정도는 되어야 한다.

그리고 상대가 정신을 차린 후에 자기 보따리 내놓으라고 할 것을 예상하고 있어야 한다. 우리 속담에 따르면, 물에 빠진 사람을 구해 주면 그런 말을 한다. 실제로 '왜 죽게 내버려두지 않았느냐?' '왜 나를 살렸느냐?' '또 죽을 거다' 하는 원망을 듣기도 한다. 그때, '당신 보따리는 본 적이 없지만 필요하면 이것이라도 가져가라'고 하면서 갈아입을 옷을 내줄 정도는 되어야, 정신과 의사로서 그 사람을 도울 준비가 된 것이다.

나는 물에 빠진 사람이 올라탈 수 있는 뗏목이 되고 싶다. 사람을 구한 다음에 젖은 옷을 갈아입히고 좀 더 나은 곳으로 데려다주고 싶다. 그 사람이 내린 후에 반드시 잘 지낸다는 보장은 없지만, 그래도 다시 살아갈 수 있도록 최선을 다해 돕고 싶다.

화가 나다가도

외래에서 하루 동안 진료해야 할 예약 환자 수가 80명을 넘으면 서로가 불행해진다. 예약해서 방문하는 환자들은 환자대로 불만을 품게 되고 나는 나대로 지치게 된다.

게다가 당일 접수하는 신환자들과 다른 과에서 의뢰되어 오는 환자들까지 겹치면 하루 진료해야 할 환자 수가 100여 명에 가깝게 된다. 신환자와 의뢰 환자들 경우에는 면담 시간이 오래 걸리기 때문에 더 힘이 든다.

진료뿐만 아니라 진단서나 소견서 등 작성해야 할 문서도 많다. 이런 상황이 되면 진료라기보다는 약 처방전 쓰는 수준이다. 진료실은 거의 시장터와 같다.

외래에서는 많은 환자를 빨리빨리 봐야 하니 나도 모르게 언제부터인가 외래 진료를 전투에 비유하고 있었다. 외래 진료와 전투를 합성한 〈외래 전투〉라는 신조어까지 만들어 냈다. 그런 내가 참 싫다.

정신과가 벌어들이는 수입이 절대적으로 적어서 아무 말도 못하고 병원 방침에 따르다 보니, 날이 갈수록 매일 봐야 하는 환자 수가 늘어만 간다. 환자 수가 일정 수준을 넘으면 얼굴 근육이 굳어져 미소를 띠기가 어려워진다. 미소를 띠어도 그것은 가짜다. 환자들도 자꾸 내 눈치를 살핀다. 빨리 나가 주었으면 하는 내 마음을 이미 알아차리는 것이다. 미안할 따름이다.

이런 폐단을 피하려고 외래 진료 환자 수를 제한해 보니 대기 기간이 6개월이 넘는 문제점이 발생했다. 오지 말라는 말과 같다.

오늘은 외래에서 백 명 가까운 환자들의 이야기를 듣다 보니 피곤하기도 하고 화도 났다. 빨리 마치고 연구실로 올라와 베개에 얼굴을 묻고 고함이라도 지르고 싶었다.

그런데 갑자기 '중환자실 코드 블루'라는 방송이 뜬다. 어떤 환자가 심장이 멈추었다는 의미다. 그걸 듣는 순간 정신이 번쩍 들었다. 나도 모르게 피로가 가시고 화가 가라앉았다. 죽고 사는 문제에 비하면 피곤한 것쯤이야.

나는 죽으면 벌 받을 것이다

며칠 전 다른 정신병원에서 조현병으로 오랫동안 입원하고 치료받던 50대 남자가 외래로 왔다. 그는 대학병원에서 치료받고 싶다고 했다.

오랫동안 정신증을 앓고 있는 환자가 처음 외래를 방문하면 그 환자를 평가하는 데 시간이 오래 걸린다. 그동안의 치료 경과도 알아야 하고 약물치료 병력도 파악해야 한다. 그래서 보통은 며칠이라도 입원시켜 환자 상태를 파악하고 치료 계획을 세운다.

이 환자는 의료급여 1종 환자였는데 그러면 행정적인 문제로 대학병원 정신과에 입원하기가 쉽지 않다. 그래서 나는 그에게 현실적인 어려움에 대해 양해를 구하고 치료받던 병원에 계속 다니시라고 했다.

그런데 그날, 그 환자는 내가 외래 진료를 보는 동안 몇 번이나 다른 환자가 나가기만 하면 들어와 자기를 치료해 달라고 했다. 환자는 집요하게 나에게 매달렸고 애원했다. 그러나 나는 그릴 수가 없었다. 끊임없이 환자가 들어왔다가 나가고 나도 정신이 없었다.

외래 진료를 마치자 나는 완전히 지쳐 버렸다. 쉬고 싶다는 마음밖에 없었다. 진료실 문을 나가자 그 환자가 밖에서 아직도 나를 기다리고 있었다. 시선이 마주쳤다. 원망과 기대가 섞여 있는 간절한 눈초리였다. 그러나 나는 그의 시선을 피했다.

내가 제대로 된 의사라면 아무리 피곤해도, 진료 시간이 끝났어도 그를 면담하고 도와줬어야 했다. 나는 그렇게 하지 않았다. 당장 어디엔가 눕고만 싶었다. 연구실에 와 누워 잠깐 눈을 붙였다. 그리고 그를 잊었다.

다음 날 비가 왔다. 연구실 창밖으로 주룩주룩 내렸다. 갑자기 그 환자가 생각났다. 환자가 아니라 나를 바라보던 그 눈이 떠올랐다. 비가 눈물을 연상시켜 그 환자를 떠올리게 한 것이다. 눈물이 났다. 나는 죽으면 벌 받을 것이라는 생각이 들었다. 벌 받아 마땅하다는 생각이 들었다. 기꺼이 벌을 받고 싶다는 생각까지 들었다. 단테의 『신곡』을 꺼내 내가 어떤 벌을 받는 게 적절한지 찾아봐야겠다.

빨리 바다가 되고 싶다

이전에는 없던 버릇이 생겼다. 언제부터 생겼는지는 잘 모르겠다. 일종의 강박 증상 같은 것이다. 하루 진료가 끝난 후 그날 진료를 본 환자들 중에서 고통의 정도가 가장 심한 환자의 얼굴이 계속 떠오른다. 그 버릇이 생긴 후로 생활하기가 매우 힘들다. 많이 우울하고 많이 괴롭다. 얼굴이 떠오르면 그 환자가 한말도 다시 들리는 것 같다.

젊을 때는 그렇지 않았다. 나는 의사, 저쪽은 환자, 나름대로 확실히 선을 긋고 살았다. 하루에 아무리 많은 수의 환자를 보아도 진료가 끝난 시간 이후에는 후유증이 없었다. 공감과 이해는 진료실에서만 했다. 진료와 내 삶을 구분할 것. 그게 내 의사 생활의 원칙이었다. 진료실 밖으로 나오면 언제나 홀가분했다. 그런데 어느 순간부터 의사와 환자의 구분이 모호해졌다. 내가 그들을 도울 능력이 있나 하는 의심이 들기 시작했다.

환자들만 마음의 상처가 있는 게 아니다. 정신과 의사도 마음의 상처가 있다. 날이 갈수록 그런 마음의 상처가 깊어지는 것 같다. 그들은 내 말 한마디 표정 하나에 영향을 받는다고 하지만, 나 역시 그들에 의해 상처받고 고통받는다. 감정은 전염성이 있어서 나도 모르게 환자들이 내뿜은 감정들이 내 안에 쌓인다.

세상은 왜 이리도 험하고 거친지, 산다는 것은 왜 이리도 힘들고 고단한지, 나이가 들어갈수록 사람은 왜 이리도 존엄과 고귀함을 잃어 가는지, 사람들이 내뿜는 독성의 강도를 날이 갈수록 실감한다.

오늘은 괴로움을 달래기 위해 니체를 읽으면서 위로가 되는 한 구절을 찾아냈다.

〈실로, 인간은 더러운 강물이다. 그런데 더러워지지 않고서 그 더러운 강물을 모두 받아들이려면 먼저 바다가 되어야 한다.〉

맞아! 나를 찾아오는 환자들이 진료실에서 내뱉는 부정적인 감정들은 모두 더러운 강물이야. 삶의 온갖 고통을 담고 있는, 삶의 쓰레기들이 물 위에 둥둥 떠 있는 더러운 강물이야. 그 더럽고 오염된 강물을 있는 그대로 받아들이려면 내가 바다가 되어야 해. 빨리 바다가 되고 싶다.

DSM에 무릎 꿇지 마라

DSM(Diagnostic and Statistical Manual of Mental Disorders, 정신질환 진단 및 통계 편람)은 미국 정신의학회에서 만든 정신질환에 대한 진단 기준이다. 객관성을 높이기 위해 통계 기법에 따라 만들다 보니 통계 편람이라는 용어가 들어가 있다.

세계적으로 많은 나라가 이 진단 기준을 따르고 우리나라도 이 기준을 따른다. '이런 증상 8개 중 5개를 보이면 이런 병으로 진단한다'라는 식으로 눈에 보이는 행동만을 가지고 진단을 내린다.

불안도 그 원인이 여러 가지가 있을 수 있지만 DSM 진단 기준에 따르면 오로지 불안이라는 증상이 있느냐 없느냐만 보고 판단한다. '당신은 불안 증상을 보이는 것이 틀림없고, 그래서 나는 당신에게 불안 신경증이라는 진단을 내렸고, 그 진단명에 따라 불안을 줄여 주는 약을 처방하겠습니다.' 이런 식이다.

관찰되거나 보고되는 증상으로 진단을 내리기 때문에 정신과 의사들 간의 진단 일치율은 아주 높지만 그런 증상 이면에 있는 환자의 심리는 전혀 고려되지 않는다.

1980년 DSM-3 서문에는 이 진단 체계가 부정확하고 완벽하지 않으니 범죄 수사나 보험금 지급 기준으로 사용해서는 안 된다는 내용이 담겨 있었다. 그러나 DSM이 개정되고 버전이 올라감에 따라 진단에 대한 그런 겸손함은 사라지고 말았다.

얼마 전에 DSM-5가 나왔는데 문제는 DSM 진단 기준이 세월에 따라 달라진다는 점이다. 이해하기 힘들다. 전문의를 취득한 후에는 이 DSM 진단 기준에 따라 엄격하게 진단하는 경우는 덜하다. 물론 의료 보험금을 신청하거나 진단서를 쓸 때는 진단명 코드를 찾아 정확하게 기록하지만 평소 진료할 때는 진단명에 그렇게 신경 쓰지 않는다.

DSM 진단 체계에 대한 내 생각은 이렇다. 한 환자를, 한 사람을 DSM 진단 체계라는 척도로 평가할 수는 없다. 그러기에 이 척도는 너무나 허술하고 사람의 내면은 너무나 복잡하다.

전문의 취득을 위해서는 이 진단 체계를 익혀야 하겠지만 전문의를 받은 후에는 망치로 그것을 부숴 버려야 한다. 환자의 내면세계를 잘 설명할 수 있는 그 환자에게 맞는 맞춤형 척도를 찾으려고 노력해야 한다. 그래야 환자에 대해 공감할 수 있는 정신과 의사가 된다. 결코 DSM에 무릎 꿇어서는 안 된다.

정상과 비정상의 구분에 대하여

약간 당황한 듯한 표정의 30대 후반 여성이 남편으로 보이는 남자의 손에 끌려 진료실에 들어선다. 관계를 물으니 남자가 부부라고 말한다. 남편은 내가 묻기도 전에 화가 잔뜩 난 얼굴로 이렇게 말한다.

"선생님, 답답해 죽겠습니다. 도대체 이 사람이 사람 말귀를 못 알아듣습니다. 감정 좀 해 주이소."

"감정이라뇨?"

"그러니까 이 사람이 정상인지 아닌지 그걸 좀 밝혀 달라는 겁니다."

"두 분 사이에 어려움이 있는 모양입니다. 부인이 동의하신다면 입원해서 좀 더 알아보는 것이 좋겠습니다. 외래에서 짧은 면담으로는 부인에게 어떤 문제가 있는지 알기가 어렵습니다."

"알겠습니다. 그렇게 하겠습니다." 남편이 말했고 여자도 동의했다.

그 여자는 일주일 입원하였고 입원해 있는 동안 심리검사와 면담을 통해 경도 지적장애로 진단되었다.

오늘 이 여자에 대한 사례 토론이 있었다. 입원해 있는 동안 이 여자를 담당했던 전공의 K선생이 발표한다. 발표가 끝나고 내가 물었다.

"K선생, 이 여자의 남편은 아내가 정상인지 아닌지 밝혀 달라고 했는데 K선생은 어떻게 대답할 텐가?"

"제 생각에는, 이 여자처럼 지능이 떨어지거나 정신병적 증상이 있으면 비정상이라고 말하겠습니다."

K선생이 확신에 찬 음성으로 주저하지 않고 말했다.

"대답이 명쾌하네. 이 여자의 지능검사 결과는 정상범위를 벗어나 있지만, 그것만 가지고 비정상이라고 말하기는 쉽지 않아 보이는데……."

"그래도 제 생각에는 이 여자는 비정상이라고 말할 수 있습니다."

"K선생 말대로라면 지능이 떨어지는 사람들만 모여 사는 사회에서는 모든 사람이 다 비정상이 되는데 그렇다면 그 사회에서 정상은 누구지? 비슷한 논리로 만약 내가 거인국에 간다면 나는 거기서 정상인가?"

"그게……."

K선생이 대답을 하지 못한다. 정상과 비정상을 판단하는 기준이 시대, 문화, 지역, 종교, 인종 등 다양한 요인에 따라 다르다는 것을 K선생도 이미 알고 있어서 나오는 반응이다.

"이왕 말이 나온 김에 오늘은 정상과 비정상에 관해 이야기해 보자."

정상은 영어로 normal이다. 라틴어 norma(규범)에서 파생된 말이다. 라틴어 norma의 어원적 의미는 길이를 재는 〈자〉라는 뜻인데 그것이 〈규범〉이라는 뜻으로 발전된 것이다. 그래서 〈정상〉이라는 말을 언급할 때는 언제나 〈규범〉을 동시에 생각해야 한다.

정상과 비정상이 나누어지려면 먼저 그것을 구분하는 기준이 있어야 하고 그 기준이 바로 규범이다. 기준이 되는 규범이 달라지면 정상과 비정상의 구분도 달라진다.

가령 성도착증을 예로 들면, 먼저 '정상적인 성'에 대한 규범이 있고 그다음에 그것을 벗어나면 성도착증이라고 말하는 것이다. 규범은 성을 정상과 비정상으로 나누는 기준이며 정신과적으로는 성도착증을 진단하는 기본 틀이 된다.

내가 전공의였을 때만 해도 동성애는 정상적인 성 규범에 들어가 있지 않았기 때문에 성도착증이라고 진단하였지만, 지금은 동성애가 정상적인 성 규범에 들어 있기 때문에 동성애를 성도착증이라고 진단하지 않는다.

동물에게 성도착증이 없는 것은 동물의 세계에서는 '정상적인 성'에 대한 규범이 없기 때문이다. 규범이 없는 세계를 '자연'이라고 부르는데, 자연 상태에는 규범이 없으므로 정상과 비정상의 구분도 없다. 그런 맥락에서 보면 규범은 자연과 인간 세계를 나누는 문지방이라고 말할 수 있다.

규범은 시대에 따라 달라진다. 인류 역사상 가장 비극적인 사건 중의 하나인 중세 시대의 마녀사냥도 규범 때문에 발생했다. 중세 때의 마녀는 귀신이나 마귀에 씐 여자라기보다는 성적 향락을 즐긴 여자들이었다. 여성적 향락이 사탄의 성질을 가지고 있다고 믿었기 때문에 그런 여자들이 모두 마녀로 희생당한 것이다. 그러니까 중세 시대의 사회 규범에서는 여자가 성적 향락을 즐기는 것을 비정상으로 규정했고, 그래서 그 시대의 마녀사냥은 여성의 향락에 대한 처벌이라고 할 수 있다. 그 점은 마녀사냥의 교본이라 할 수 있는 『말레우스 말레피카룸: 마녀를 심판하는 망치』라는 책에 잘 나와 있다.

인간의 정신을 다루는 정신과 의사는 병에 대한 진단을 내림으로써 한 사람을 정상과 비정상으로 판단하는 위치에 있다고 할 수도 있다. 그렇다고 정신과 의사가 정상과 비정상으로 판단하는 권한을 가지고 있는 것은 아니다.

설혹 평가 대상이 되는 사람이 광기를 보인다고 하더라고 그 사람을 비정상이라고 단언하기는 어렵다. 미셸 푸코의 『광기의 역사』라는 책에서는 광기에 대한 정의가 시대에 따라 얼마나 달라지는가를 보여 준다.

따라서 정신과 의사는 환자를 정상 혹은 비정상으로 나누기보다는 어떤 문제로 괴로워하는 사람으로 보아야 한다.

그러나 지금은 그런 용기가 없다

정신질환을 앓고 있는 환자에 의해 정신과 의사가 다치거나 죽었다는 언론 기사를 보면 지난날 있었던 두 가지 사건이 떠오른다.

젊었을 때 반사회성 성격장애 환자가 식칼을 들고 집에 온 적이 있었다. 자신을 입원시킨 것에 대해 보복하러 온 것이다. 그는 성폭행을 하고 교도소를 여러 번 갔다 왔다. 그의 부모 형제들 모두 그를 입원시켜 달라고 애원했다. 나는 골치 아프다고 생각하면서도 타해의 우려가 있다고 판단해서 입원시켰는데, 자신을 입원시킨 것에 앙심을 품고 퇴원 후 내 집에 찾아온 것이다.

그가 식칼을 꺼내 나를 위협하자 나는 납작 엎드려 잘못했다고 싹싹 빌었다. 입원 기록을 없애달라고 요구하는 그를 설득해 병원에 데리고 갔다. 그리고 곧바로 다시 입원시켰다.

그때 내가 말했다. "내가 맹세한다. 너는 죽어서만 이 병원을 나갈 것이다." 6개월이 지나자 그는 수그러들었고 2년이 지나자 이제 그가 나에게 싹싹 빌기 시작했다. 결국 마음이 약해져 퇴원에 미온적 태도를 보이는 그의 가족을 설득해서 입원 2년 만에 그를 퇴원시켰다. 그러나 지금은 그런 용기가 없다.

젊었을 때 매 맞는 아내를 돕기 위해 진단서를 써 주었는데 그것이 법정에서 이혼 증거로 받아들여졌다. 그 여자의 남편이 자기 가정과 인생을 파괴했다며 나를 죽이겠다고 외래로 찾아왔다.

나는 반사회성 성격장애와 같이 못된 놈과 여자를 때리는 나쁜 놈을 제일 싫어한다. 그래서 언제나 매 맞는 여자 편에 서곤 했다. 내가 병원의 반대에도 불구하고 가정 폭력과 성폭력 치료 센터인 해바라기 센터를 유치한 이유도 매 맞는 여자들을 돕기 위해서였다.

그때 내가 그 사람에게 조용히 말했다. "나는 있는 사실 그대로 기록했을 뿐이다. 그리고 당신이 나를 죽이겠다고 말하는데 당신이 나를 죽이기 전에 내가 먼저 당신을 죽일 것이다. 나는 죽음이 두렵지 않다." 그 남자는 잠시 나를 노려보다가 외래를 나갔고 한동안 나는 긴장 상태에서 지냈다. 그러나 지금은 그런 용기가 없다.

정신과 의사는 언제라도 위험한 환자를 만날 수 있다. 특히 망상장애 환자와 성격장애 환자는 그 위험성을 예측하기 어렵기 때문에 언제나 긴장해야 한다.

입원 환자 경우도 마찬가지다. 정신과 병동에서 환자가 난폭한 행동을 할 때는 아무리 정신과 의사라도 우선 피해야 한다. 환자를 진정시키려고 하다가 맞아 중상을 입어도 하소연할 데는 아무 곳도 없다. 만약 그 과정에서 환자가 다치기라도 하면 그야말로 큰일이다. 법은 환자를 보호하지, 위험에 노출된 직원이나 의사를 보호하지 않는다.

젊을 때는 옳고 그름이 삶의 기준이었지만 지금은 다르다. 내가 생각하는 옳고 그름의 기준이 변하기도 했지만, 무엇보다 공공 기관들의 자의적 기준을 경험한 후로는 가능한 한 그런 시비에 말려드는 것 자체를 피한다.

비겁해진 것이다. 내가 나를 지켜야 하는 환경에서는 그것이 상책이다. 부당함을 보고도 고개 돌리는 것이 스스로 나를 지키는 가장 쉬운 방법이다. 그래서, 지금은 그런 용기가 없다.

소방관과 건설자

  정신과 병동에 입원한다는 것은 삶에 위기가 왔음을 의미한
다. 자살 시도를 했건 정신병적 증상이 발생했건 어떤 이유에서
든 지금 현재의 삶이 망가졌다는 것이다. 집에 불이 나서 불길이
활활 치솟는 상태 같은 것이다. 그렇기에 입원 병동에서 정신과
의사의 역할은 오직 위기에만 집중해서, 물로 불길을 잡는 소방
관처럼 약물치료로 증상을 잡는 것이다. 급한 불부터 끄는 게 중
요하다. 그리하여 어느 정도 불길(증상)이 잡힌 후에 환자는 퇴
원하고 외래에서 통원 치료를 하게 된다.

  외래에서 내가 느끼는 점은 환자의 내면세계가 일반 사람이
생각하는 것보다 훨씬 더 황폐화되어 있다는 것이다. 화재로 집
이 전소된 채 그 잿더미에서 무엇을 어떻게 해야 할지 몰라 망연
자실해 있는 사람과 같다. 자존감은 바닥에 떨어져 있고 사회적
관계는 차단되어 버렸고 기댈 수 있는 언덕이라고는 보이지 않
는 그런 상태이다. 어디서부터 시작해야 할지 무엇부터 해야 할
지 생각은 많지만, 엄두가 나지 않는 그런 상태에 머물러 있다.

그래서 이 세상에서 자신이 가장 믿고 의지할 수 있다고 생각하는 담당 의사에게 묻는다.

"제가 어떻게 해야 합니까?" 절박한 물음이다.

의사들은 그 절박한 물음에 이렇게 대답한다.

"약을 잘 먹어야 합니다."

"또 주의할 점은 없습니까?"

"약을 잘 먹어야 합니다."

위기가 지나간 상태에서 정신과 의사가 약물치료만 강조하는 것은 불길이 잡히고 폐허만 남은 곳에서 소방관이 아직도 계속 물만 뿌리고 있는 것과 같다.

이런 상태에서 환자에게 필요한 것은 폐허가 된 집을 청소하고 새집을 짓도록 도와주는 것이다. 내일은 내일의 태양이 떠오를 거라는 식의 용기를 불어넣어 주는 것이다. 환자의 삶을 가이드하고 다시 집을 짓도록 이끄는 건설자 역할을 하는 것이다.

소방관의 역할은 모든 정신과 의사가 할 수 있지만 건설자의 역할은 하기 쉽지 않다. 건설자가 되려면 무엇보다 많은 책을 읽고 사고하고 생각하는 힘이 있어야 하기 때문이다. 소방관의 기술은 정신과 교과서에서 배울 수 있지만 건설자의 지혜는 오직 생각하는 힘을 통해서만 습득할 수 있다.

소방관과 건설자, 이 두 가지를 겸비하여야 제대로 된 정신과 의사라고 말할 수 있다.

포정이라는 백정의 소 잡는 이야기

시간 날 때마다 장자를 읽는다. 자유로움에 대한 그의 글을 사랑하기 때문이다. 〈포정의 소 각 뜨기〉(장자, 오강남 풀이, 현암사, 1999, 146~148쪽)를 읽고 나름대로 생각해 본다.

포정이라는 백정이 문혜군을 위하여 소를 잡았다. 손을 갖다 대고, 어깨를 기울이고, 발을 디디고, 무릎을 굽히고, 뼈를 바를 때는 설컹설컹, 살을 가를 때는 설뚝설뚝, 완벽한 음률이 무곡에 맞춰 춤추는 것 같았고 악장에 맞춰 율동하는 것 같았다. 문혜군이 말했다.

"참 훌륭하도다! 기술이 어찌 이런 경지에 이를 수 있는가?"

백정이 칼을 내려놓고 대답했다.

"제가 귀히 여기는 것은 도道입니다. 기술을 넘어선 것입니다. 제가 처음 소를 잡을 때는 온통 소만 눈에 보였습니다. 삼 년이 지나자 소가 보이지 않게 되었습니다. 지금은 신神으로 대할 뿐 눈으로 보지 않습니다. 감각 기관은 쉬고 신神이 원하는 대로 움직입니다. 하늘이 낸 결을 따라 큰 틈바귀에 칼을 밀어넣고 큰

87

구멍에 칼을 댑니다. 이렇게 정말 본래의 모습에 따를 뿐 아직 인대나 건을 베어 본 일이 없습니다. 큰 뼈야 말할 나위도 없지 않겠습니까?

백정은 해마다 칼을 바꿉니다. 살을 가르기 때문입니다. 보통의 백정은 달마다 칼을 바꿉니다. 뼈를 자르기 때문입니다. 저는 지금까지 19년 동안 이 칼로 소를 수천 마리나 잡았습니다. 그러나 이 칼날은 이제 막 숫돌에 갈려 나온 것 같습니다. 소의 뼈마디에는 틈이 있고 이 칼날에는 두께가 없습니다. 두께 없는 칼날이 틈이 있는 뼈마디로 들어가니 텅 빈 것처럼 넓어 칼이 마음대로 놀 수 있는 여지가 생기는 것입니다.

그러기에 19년이 지났는데도 칼날이 이제 막 숫돌에서 갈려 나온 것 같습니다. 그렇지만 근육과 뼈가 닿은 곳에 이를 때마다 저는 다루기 어려움을 알고 두려워 조심합니다. 시선은 하는 일에만 멈추고 움직임은 느려집니다. 칼을 극히 미묘하게 놀리면 뼈와 살이 툭 하고 갈라지는데 그 소리가 마치 흙덩이가 땅에 떨어지는 소리와 같습니다. 칼을 들고 일어서서 사방을 둘러보고 잠시 머뭇거리다가 흐뭇한 마음으로 칼을 닦아 갈무리를 합니다."

문혜군이 말한다.

"훌륭하도다. 나는 오늘 포정의 말을 듣고 양생養生이 무엇인가를 터득했노라."

이 글을 읽고 정신과 의사로서 깨침의 단계는 어떠할까 생각해 본다.

첫 단계는 백정의 눈에 소만 보이듯이 정신과 의사의 눈에 증상만 보이는 단계다. 환자가 보이는 증상에 초점을 맞추어 진단을 내리고 치료한다. 증상을 없애기 위하여 전력을 다한다. 치료에 도움이 되는 많은 것을 배우고 익힌다.

두 번째 단계는 증상보다는 한 인간이 보이는 단계다. 병으로 괴로워하는 한 인간, 가족과 사회 속에서 살아가려고 몸부림치는 한 인간이 보이는 단계다. 환자와 가족과 사회를 총체적으로 보면서 눈에 보이지 않는 환자의 욕망과 좌절을 읽는 단계다.

마지막 단계는 환자와 의사의 구분이 없고 증상과 병의 규정도 사라진다. 내가 환자가 되고 환자가 의사가 된다. 환자가 보이는 증상도 살아가는데 필요한 도구가 되기에 인위적으로 규정한 진단명은 쓸모가 없게 된다. 내가 말 한마디를 하면 환자는 내가 말하는 뜻을 알아차려 함께 웃는다. 함께 춤춘다.

마지막 단계에 도달하면 나는 더 이상 정신과 의사로서 밥벌이를 하지 못한다. 그렇지만 걱정할 필요는 없다. 나의 내공으로는 죽을 때까지 이 단계에 도달하기는 어려울 것이다. 그렇더라도 이런 식으로 폼이라도 한번 잡아 보고 죽고 싶다. 사람들은 드디어 내가 미쳤다고 말하겠지만.

정신과 약을 먹어 보는 정신과 의사

　나는 37년 동안 정신과 의사 생활을 하면서 지금까지 내가 환
자에게 처방했던 약은 모두 먹어 보았다. 임상 현장에서 처방하
는 용량에 비하면 1/2이나 1/4에 불과하지만 그래도 직접 먹어
보았다. 이유는 하나다. 환자들이 먹고 불편하다고 호소하는데
어떻게 불편한지 얼마나 불편한지 내가 알아야 소통을 할 수 있
다는 생각에서였다. 그래서 아무도 모르게 주로 주말을 이용해
복용해 보았다.

　복용한 약 중에서 가장 고통스러웠던 것은 단연 정신병 치료
제였다. 지금도 고생했던 기억으로 남아 있는 약이 있다. 정신
병 치료제 중에서 오래된 약(구약)인 클로르프로마진 100mg을
먹고 너무 까라져 주말 내내 잤고, 할로페리돌 5mg을 먹고 목이
돌아가 바로 누울 수가 없었던 적도 있었다. 이런 부작용이 있는
약을 내가 먹는 용량의 몇 배나 되는 양을 먹고 생활해야 하는 환
자들을 생각하니 마음이 많이 아팠다.

어느 날 매일 클로르프로마진 500mg을 복용하던 한 입원 환자가 새로운 정신병 치료제(신약)인 올란자핀 5mg을 먹고는 눈물을 글썽이며 "선생님, 몸이 너무 가벼워요"라고 말했을 때 나는 그 환자의 심정이 어떠한지 쉽게 알아차릴 수 있었다. 나도 둘 다 먹어 보았기 때문이다.

조증 치료제인 리튬 300mg이나 데파코트 500mg을 먹었을 때는 마치 물에 젖은 솜처럼 아주 불쾌할 정도로 무기력했던 기억이 난다. 그에 반해 우울증 치료제(신약)나 불안 치료제는 정신병 치료제에 비하면 불편한 정도가 가벼웠다. 오래전에 개발된 우울증 약들은 입안이 타들어 가듯이 바짝 마르고 변비가 생기고 까라져 견디기 힘들었지만, 새로 나온 우울증 약(신약)들은 속이 좀 메스껍고 어지럽고 머리가 무거운 두통이 있었지만 견딜 만했다.

때로는 다른 병원에서 치료받다가 의뢰되어 온 환자의 경우, 그 병적 증상을 고려하더라도 이해하기 힘들 정도로 다양한 종류의 약을 그것도 높은 용량으로 처방한 것을 볼 때는 나도 모르게 이 말을 중얼거리게 된다.

"니가 묵어봐라, 한번."

이 말을 하면 언제나 영화 〈친구〉의 대사 한마디가 떠오른다.
"고마해라. 마이 묵다 아이가."

선생은 있다

전문의 시험에 합격한 후에 사회로 나가는 전공의 선생들에게 나는 늘 이렇게 당부하고 싶다.

"배울만한 선생이 없다고 불평하지 마라. 선생은 있다. 그러니 전문의를 취득한 후에는 전국을 뒤져 자신의 선생을 찾아야 한다. 선생을 찾는 것은 학생이 해야 할 몫이다. 학생이 선생을 찾아야지 선생이 학생을 찾아오지 않는다. 학생이 찾지 않으면 선생도 없다.

선생을 찾는 과정에서 많은 시행착오를 거칠 것이다. 선생이라고 생각해서 찾아갔는데 선생이 아닐 수도 있다. 그때는 뒤도 돌아보지 않고 떠나면 된다. 그러나 만약 선생이라고 판단되면 끝까지 물고 늘어져야 한다. 선생의 모든 학문을 흡수하기 전까지는 결코 떠나서는 안 된다.

그동안 나는 선생이라고 하는 많은 사람을 만났다. 그리고 진짜 선생과 가짜 선생을 어떻게 구별하는지도 알게 되었다. 그렇지만 이러한 구별법 역시 나의 주관적인 판단일 뿐이다. 내가 강조하고 싶은 말은 〈선생은 있다. 그러니 혼신의 힘을 다해 찾고, 찾았으면 온몸을 던져 배워라〉이다."

배우는 자세에 대해 내가 좋아하는 글이 있다.

단비구법斷臂求法

『달마와 그 제자』(우봉규 지음, 살림출판사, 2008, 3~5쪽)에서 혜가는 이렇게 소개된다.

신광은 남쪽으로 내려가 달마가 좌선하고 있는 컴컴한 굴 앞에서 무릎을 꿇었다. 숭산 소림굴에서 움직이지 않고 앉아 있는 달마를 신기하게 생각하여 찾아왔던 구경꾼들의 발걸음도 점점 잦아들었다. 저녁부터 눈발이 조금씩 날리기 시작했다. 짧은 겨울 해는 서산을 넘어가고 인적 끊긴 산중에는 찬바람을 타고 온 눈발이 몰아치기 시작했다. 그러나 신광은 석상처럼 꼼짝도 하지 않고 앉아 생각하고 있었다.

'옛사람이 도를 구할 때는 뼈를 깨뜨려서 골수를 빼내고 피를 뽑아서 주린 이를 구제하고, 머리를 진 땅에 펴고, 벼랑에서 떨어져 주린 호랑이를 먹였다. 옛사람도 이러하였거늘 나는 어떤 사람인가?'

눈은 내리고 또 내렸다 신광은 며칠째 무릎을 꿇고 있었다. 인도에서 왔다는 그 괴승, 달마 또한 한 번 들어간 오두막에서 나오지 않았다. 무릎을 꿇은 신광의 머리 위에 눈은 쌓이고 또 쌓였다. 살을 에는 바람은 불고 또 불었다. 그렇지만 신광은 움직이지 않았다. 그렇게 며칠이 흘러갔다. 드디어 달마가 문을 열었다.

"받아주십시오." 신광이 머리를 숙였다.

달마가 신광의 꽁꽁 언 몸을 바라보며 물었다.

"너의 뜻이 얼마나 깊으냐?"

신광은 잠시 말이 없었다.

달마가 민망히 생각하여 되물었다.

"네가 눈 속에 오래 있으니, 무엇을 구하는가?"

신광이 슬피 울면서 말했다.

"바라옵건대 화상께서 감로의 문을 여시어 여러 중생들을 널리 제도해 주소서."

달마가 대답했다.

"부처님들의 위없는 묘한 도는 여러 겁을 부지런히 정진하여 행하기 어려운 일을 참아야 하거늘, 어찌 작은 공덕과 작은 지혜와 경솔한 마음과 교만한 마음으로 참 법을 바라느냐. 헛수고를 할 뿐이다."

꿇어앉은 신광 곁에는 커다란 칼 하나가 놓여 있었다. 신광은 달마의 말을 듣자마자 칼을 들어 한쪽 팔을 끊었다. 붉은 피가 하얀 눈 위에 흩뿌려졌다. 신광은 떨어진 팔을 한쪽 손으로 집어서 스승에게 바쳤다.

달마는 비로소 혜가慧可라는 법명을 주며 말했다.

"부처님들이 처음 도를 구하실 때는 법을 위해 몸을 던지셨다. 네가 이제 내 앞에서 팔을 끊으면서 구하니, 가히 할 만한 일이다."

단비구법斷臂求法. 팔을 잘라 법을 구했다는 유명한 이야기. 중국 선은 초조 달마와 2조 혜가와의 이렇게 너무나 아름답고도 터무니없이 처연한 전법선화傳法禪話로부터 시작된다.

정신역동보다는 함께 슬퍼하는 것은 어떨까?

사례 토론 시간에 전공의 K선생이 오랜 기간 조현병을 앓고 있는 한 남자 환자에 대해 발표한다.

"이 환자는 오이디푸스 콤플렉스 시기에 고착되어 어머니와의 관계에 문제가 있고, 퇴행되어 사회적 위축을 보이고 있습니다. 그리고……."

K선생은 환자의 긴 병력을 잘 정리하여 깔끔하게 요약했다.

K선생의 발표를 듣고 있다가 문득 이런 생각이 들었다.

'정신역동적으로 병의 발생이나 왜 그런 증상을 보이는가 하는 이유를 설명하려는 시도는 언제나 필요하다. 그러나 이 환자처럼 30여 년이 넘는 세월 동안 병을 앓아 온 경우에는 그가 병을 앓음으로써 잃게 된 많은 것들, 포기해야 했던 많은 것들에 대해 함께 이야기하는 것이 더 필요하지 않을까?

입원함으로써 점점 친구를 잃어가게 된 것에 대해, 정신과 진료실 앞에서 외래 진료를 기다릴 때 다른 사람들의 시선이 신경 쓰였던 것에 대해, 병에 걸린 후 가족과 함께 있음을 느껴 보지 못한 것에 대해, 비슷한 또래 남자들이 결혼해서 살아가는 것을 볼 때의 마음에 대해. 아마도 수없이 많은 슬픔과 외로움의 순간들이 있었을 거다. 그런 그의 상처받은 마음을 쓰다듬어 주고 잃어버린 것들에 대해 함께 슬퍼하는 것은 어떨까?'

그러다가 곧 '이건 나만의 생각일 뿐이고 내 마음의 투사다'라는 다른 생각이 들었다. 어쩌면 이 남자 환자에게 잃어버린 것들에 대해 함께 이야기하자고 하면 이렇게 말할지도 모른다.

"아무렇지도 않았는데요. 지금은 아무 생각도 안 나는데요."

그런 생각을 하면 내 마음이 더 슬퍼진다.

환자와 함께 부르는 잠언

환청이나 망상과 같은 정신병적 증상이 심한데도 생활을 잘 하는 환자가 있는 반면, 정신병적 증상이 가벼운데도 기능을 잘 하지 못하는 환자가 있다. 오랜 기간 그들을 면담하고 내가 내린 결론은, 증상의 심한 정도 못지않게 그것을 극복하려는 환자 본 인의 의지가 예후에 큰 영향을 미친다는 점이다.

그렇지만 많은 경우에 환자의 이런 보이지 않는 극복 노력은 과소평가 되고 대신 증상만 중요시된다. 정신과 의사가 환자의 극복 의지를 중요하게 여기지 않는다면 증상 하나만 보는 외눈 박이가 될 수 있다.

내가 정신병을 앓고 있는 환자들에게 늘 하는 말이 있다. 하 도 자주 말해서 내가 앞 구절을 말하면 나머지 구절은 환자가 이 어서 말할 정도다.

"결코 병에 굴복하지 마라. 병 앞에 무릎 꿇지 마라. 병 앞에 고개 숙이지 마라. 당신의 내면에는 그것을 극복할 힘이 있다. 그러니 병에 대해 공부하면서 병에 맞서 싸워라."

위대한 보호자

　　때때로 위대한 보호자들을 만난다. 내가 정의하는 위대함이란 한 개인에게 닥친 불행에 대해 남을 원망하지 않고 자신을 탓하지 않으며 진정으로 그 불행 자체를 자기 삶의 일부로 받아들이는 것을 말한다. 이게 생각으로는 가능할지 몰라도 실제 현실에서는 실행하기가 어렵다. 그래서 위대하다고 말하는 것이다.

　　70대 중반 영감님이 계신다. 이 영감님의 삶은 너무나 힘들어 가능하면 외면하고 싶을 정도다. 딸 두 명이 있는데 한 명은 조현병을, 다른 한 명은 정신지체를 앓고 있다. 그리고 아내도 결혼 후 젊을 때부터 지금까지 조현병을 앓고 있다.

　　영감님은 20대 후반에 결혼하여 지금까지 병에 걸린 아내와 두 딸을 돌보는데 자신의 인생을 보냈다. 지금은 그렇지 않지만 몇 년 전까지만 해도 의료급여 환자는 부작용이 적은 신약을 처방받기 힘들었다. 그래서 영감님은 의료급여 신청도 하지 않고 자기가 버는 거의 모든 돈을 가족 치료비로 사용했다.

영감님은 매달 한 번씩 세 사람과 함께 외래에 온다. 그런데 20여 년 동안 영감님의 아내와 두 딸을 치료하면서 한 번도 자신의 처지에 대해 비관하거나 병을 앓고 있는 가족을 원망하는 말을 들어본 적이 없다.

대부분의 보호자는 가족 중 한 명이라도 정신질환을 앓고 있는 환자가 있으면 짜증을 내거나 지친다고 호소하거나 우울해 한다. 그런데 영감님은 전혀 그런 내색을 하지 않았다. 외래에서 볼 때마다 존경스러워 어느 날 내가 물었다.

"어르신, 가족을 돌보는 게 힘들지 않습니까?"

"힘들지요. 그렇지만 가족 덕분에 제가 지금까지 살아온 걸 생각하면 그저 고마울 따름이지요."

"고맙다니요?"

"젊었을 때 제가 처한 상황이 너무 슬퍼서 죽고 싶은 순간들이 참 많았습니다. 그런데 그때마다 아내와 두 딸이 생각나 차마 죽지 못했습니다. 그러면서 깨달은 게 있습니다. 아! 내 삶 자체가 슬픔이구나. 그 슬픔이 나를 살게 하구나. 슬픔이 나에게는 정말로 소중한 것이구나. 그런 걸 깨달았습니다."

"대단하십니다, 어르신. 존경합니다."

"아닙니다. 제 삶은 다른 사람들과 마찬가지로 그냥 살아가는 것입니다. 누구라도 이런 상황이라면 저와 마찬가지로 받아들이게 될 것입니다. 여기서 벗어난다는 것이 불가능하다는 사실을 깨닫게 되면 어느 순간부터는 저절로 그것을 받아들이면서 살게 됩니다.

저는 아무도 원망하거나 탓하지 않습니다. 이게 저의 삶이고 운명입니다. 나중에 제가 죽어 염라대왕 앞에 가면 이렇게 말할 겁니다. 제가 잘 살았는지 못 살았는지 그건 모르지만 그래도 열심히 산 것은 확실합니다."

좋은 정신과 의사가 되는 첫걸음

의과대학 교육은 이분법적으로 정답을 찾는 것에 초점이 맞춰져 있다. 이것이 아니면 저것이고 저것이 아니면 이것이다. 중간은 없다. 그래서 의과대학생들에게 정답이 없는 질문을 던지면 당황해하고 불안해한다.

정신과 전공의 역시 예외가 아니다. 의과대학에 들어온 이후로 지금까지 암기 위주의 공부를 해 왔기 때문에 전공의가 된 후에도 머릿속에는 병의 증상과 치료에 대한 지식만 가득 들어있다. 대신 병을 앓고 있는 사람의 고통과 슬픔은 입력되어 있지 않다. 사람의 감정에는 정답이 없어 매뉴얼처럼 암기할 수 없기 때문이다. 안타깝다. 정신과 의사는 마음을 다루기 때문에 그 안타까움은 더 크게 느껴진다.

회진 때 전공의 선생들에게 강조했다.

'환자를 볼 때 정답을 찾으려고 하지 마라. 정답은 없다. 인간의 심리에 무슨 정답이 있겠는가? 옳고 그른 것도 없다. 오직 환자를 중심에 두고 생각하고 또 생각할 뿐이다. 생각하는 것이 중요하다.

이런 말이 있다. 세상에는 불쌍한 세 종류의 인간이 있다. 생각 없는 인간, 생각하지 않는 인간 그리고 생각하지 못하는 인간이다. 너희들 각자는 어디에 속하는가? 어디에도 속하지 않는다고 자신 있게 말할 수 있어야 한다.

그러니 환자를 볼 때마다 의문을 떠올리고 생각해야 한다. 끊임없이 생각해야 한다. 그게 좋은 정신과 의사가 되는 첫걸음이다.'

가슴에 품은 단어가 당신의 삶을 결정한다

"내 삶은 이제 끝났습니다. 아무 희망이 없습니다. 절망뿐입니다. 죽는 길밖에 없습니다."

"그냥 슬퍼요. 자꾸만 눈물이 나와요."

"나 자신이 비참합니다. 잠을 잘 수가 없습니다."

"그 인간을 용서하려고 해도 용서가 되지 않아요. 너무 화가 나요. 반드시 복수할 거예요."

"그 사람을 믿을 수가 없어요. 늘 의심이 가요."

"나는 아무것도 아닙니다. 나 자신이 너무 초라합니다."

"무시당하고 있는 나 자신에게 화가 나요."

"이 세상은 너무 위험하고 불안해요. 세상으로부터 나 자신을 지킬 수 있을지 자신이 없어요."

"쓸쓸하고 공허해요. 버림받은 느낌이 들어요. 혼자인 것 같아요."

"다 때려 부수고 죽여 버리고 싶습니다. 그리고 나도 죽어 버리고 싶습니다."

정신과 외래를 찾는 사람들은 다양한 말로 자신의 고통을 호소한다. 오랜 시간 이런 환자들을 면담하면서 알게 된 사실이 하나 있다. 주로 부정적인 언어를 사용한다는 것이다. 마음이 불편해서 정신과를 찾아왔으니 당연하다고 생각할 수도 있다. 그러나 증상이 호전되어 평상시 모습으로 돌아왔을 때도 그들은 여전히 부정적인 말을 주로 한다. 왜 그럴까?

행복한 사람 옆에는 행복한 사람들이 많고 불행한 사람들 옆에는 불행한 사람들이 많다. 사람만 그런 것이 아니다. 단어도 유유상종한다. 단어도 서로 자신에게 어울리는 단어를 끌어들인다.

〈짜증난다〉라는 단어는 화가 난다, 답답하다, 억울하다, 불안하다, 슬프다, 참담하다, 비참하다, 외롭다, 공허하다, 막막하다, 우울하다, 혼란스럽다, 두렵다, 무섭다, 암담하다 같은 단어들과 잘 어울린다.

반대로 〈고맙다〉라는 단어는 즐겁다, 포근하다, 상쾌하다, 기분 좋다, 편안하다, 평화롭다, 가슴이 벅차다, 고요하다, 활기차다, 자신감이 생긴다, 두근거린다 같은 단어들과 어깨동무를 한다.

언어는 인간의 삶을 결정짓는다. 당신이 사용하는 단어는 당신 가슴 속의 별이다. 자신을 인도하는 북극성이다.

용기, 숭고, 열정, 위대. 이런 단어를 가슴에 품고 살면 그 단어는 그에 맞는 다른 단어들을 끌어당기게 된다.

비참, 우울, 슬픔, 못남. 이런 단어들을 가슴에 안고 살아가면 그것들은 자기들끼리 어울려 당신을 지배한다. 삶은 당신이 말한 대로 흘러간다.

당신은 어떤 사람이 되기를 원하는가? 삶을 뜨겁게 살아가는 사람이 되고 싶은가? 그렇다면 당신의 심장 안에 〈열정〉이라는 핵심 단어를 앉혀 보길 권한다. 〈열정〉이라는 단어는 〈가슴 뜀〉이라는 단어를 당기게 되고 〈가슴 뜀〉은 〈용기〉라는 단어를 끌어당기게 된다. 이런 식으로 당신의 심장은 열정과 연관된 모든 단어들로 가득 채워지게 될 것이다. 그리고 그에 따라 당신의 모습이 만들어질 것이다.

논문을 찾을 때 제일 처음 보는 것이 핵심 단어key word이다. 핵심 단어는 그 논문의 성격과 정체성을 보여 준다. 마찬가지로 당신의 심장 안에 있는 핵심 단어가 무엇인지를 떠올릴 수 있다면, 그것이 바로 당신의 정체성이다.

자신의 인생을 이끌 북극성 같은 핵심 단어를 가슴에 품고 살아가자. 그러면 당신의 운명이 달라질 것이다.

인공지능 의사

앞으로 인공지능artificial intelligence으로 대체될 직업 순위 1, 2위에 의사가 있다고 한다. 당장 수년 이내에 영상이나 조직 혹은 혈액 검사 결과를 판독하는 일에서는 기계가 인간을 능가하게 될 것이다. 기계는 실수하지 않는다.

수술 분야에서도 인공지능 의사가 대세를 이룰 것이다. 난이도가 높은 수술일수록 감정의 지배를 전혀 받지 않고 정확도가 높은 인공지능 로봇 의사가 실력을 발휘할 것이다.

내과도 마찬가지다. 내과의 핵심은 진단이다. 의학 드라마 〈하우스〉에서 주인공인 닥터 '하우스'가 명의인 이유도 다른 의사들이 놓친 진단을 정확하게 찾아내기 때문이다. 내과에서는 진단이 정확하면 치료는 매뉴얼대로 하면 된다. 진단은 축적된 지식과 경험에 의존하는데 지금까지 인간이 쌓아온 모든 의학 지식을 입력한 인공지능 의사를 인간이 이겨낼 수 있겠는가?

그래도 사람들은 정신과는 인공지능의 영향을 좀 덜 받지 않겠냐고 하기도 한다. 그런데 요즘 의과대학생들을 대상으로 정신과 강의를 하면서 이미 미래의 인공지능 의사가 강의실에 가득한 것을 보게 된다.

 며칠 전 일이다. 수업 중에 괴테의『젊은 베르테르의 슬픔』이 야기가 나왔다. 베르테르가 롯데에게 반한 정신역동을 설명하기 위해서였다. 그런데 놀라운 것은 많은 의과대학생들이 베르테르 와 롯데를 모른다는 것이다. 공부만 하느라고 그럴 수도 있지 하 고 생각하였는데 더 놀랍게도 괴테도 모르는 학생이 있었다.
 그래서 고등학교 입학 후 지금까지 대학 진학이나 의과대학 공부를 제외한 교양 도서를 몇 권 읽었는지 물어보니 지난 5~6 년 동안 10권 이상을 읽은 학생이 많지 않았다.

 내가 충격을 받아 아무 말도 하지 못하고 있는 동안에도 몇 명은 고개를 숙인 채 다른 과목 공부를 하고 있었다. 하긴 나는 출석을 부르지도 않고 중요한 내용은 미리 시험에 나온다고 말 해 주니 내 수업 시간에는 많은 학생이 다른 과목 공부를 한다. 공부할 게 많겠지 하는 안타까운 마음에 보고도 못 본 체한다.

 한 학기 수업을 마치고 질문 있느냐고 물으면 언제나 똑같은 질문 하나를 듣는다. "교수님, 시험은 객관식입니까? 주관식입니 까? 몇 문제 나옵니까?" 수업을 듣는 학생들은 표정도 없고 오로 지 시험에 관한 생각뿐이다.
 인공지능 의사를 멀리까지 기다릴 필요가 없다. 내가 가르치 는 의대생부터 이미 인공지능 의사가 되려고 한다.

 수업을 마치고 도대체 학생들이 앞으로 어떤 의사가 되려고 하는지 그 속을 알 수 없어 이번 시험에 〈나는 어떤 의사가 되려고 하는가? 그리고 그 이유는 무엇인가?〉라는 문제를 내겠다고 하자 한 학생이 손을 들어 이렇게 묻는다.

"교수님, 어느 책에 나옵니까?"

'무엇'을 묻는 질문과 '왜'를 묻는 질문

전공의 K선생이 입원해 있는 한 조현병 환자와 면담하는 것을 반투명거울을 통해 본다. K선생은 망상과 환각, 불안과 우울에 대해 다양한 질문을 해 가면서 여러 가지 정신병리를 잘 찾아낸다. 20여 분 면담을 하던 K선생이 날 바라본다. 이 정도 하면 되지 않았느냐는 눈치다. 내가 고개를 끄덕이자 K선생이 면담을 끝낸다.

"면담을 자연스럽게 참 잘하네."

내 말에 K선생이 환히 웃는다.

"면담하는 동안 여러 가지 질문을 많이 했는데, 한 가지 중요한 질문이 빠진 것 같은데 생각나는 게 있나?"

K선생의 얼굴이 굳어진다. 그리고 자신이 한 질문들을 떠올리면서 무엇을 놓쳤는지 살피는 기색이 역력하다. K선생은 손가락을 꼽아 가며 자신이 한 질문을 점검한다.

"잘 모르겠습니다, 교수님. 제 생각에는 모두 다 한 것 같은데요."

"그래? 어떤 질문을 했는데?"

"저는 관계망상, 피해망상, 과대망상, 조종망상, 피조종망상, 색정망상, 질투망상, 신체망상, 사고삽입, 사고광보 등에 대해 질문하였고, 환각에 대해 물어보았습니다. 그리고 불안과 우울, 강박 사고와 자살 사고에 대해서도 물어보았습니다. 제가 어떤 증상을 빼먹었는지 말씀해 주시면 고맙겠습니다."

"증상을 빼먹은 것은 없어. 내가 봐도 증상에 대해서는 질문을 참 잘했어. 그런데 K선생의 질문은 모두 무엇what에 대한 질문이야. 어떤 증상이 있는지 없는지에 대한 질문이지."

"그렇게 하면 되지 않습니까?" K선생이 나를 바라본다.

"그렇게 해도 되지. 그러나 무엇에 대한 질문 다음에 왜why라는 질문을 한다면 한 걸음 더 나갈 수 있지. 어린아이들은 이렇게 물어. '이건 뭐예요?' '저건 뭐예요?' 의문을 가지는 첫 단계가 그래. 철학도 그런 식으로 시작하지. '삶이란 무엇인가?' '자유란 무엇인가?'

그런데 공부가 깊어지면 질문은 이런 식으로 바뀌게 돼. '삶은 나에게 어떤 의미가 있는가?' '자유는 나에게 어떤 가치가 있는가?' 가치와 의미를 생각하는 순간 모든 질문은 나를 중심으로 새로 형성되지. 나와 연관 있는 것만이 의미와 가치를 가지게 되지. 그렇게 생각하면 자연스럽게 왜?라는 질문을 하게 돼.

자, 다시 한번 생각해 보자. K선생은 환자에게 참 많은 질문을 했어. 여러 가지 다양한 증상을 찾아냈어. 그 증상을 근거로 진단도 내리고 약물치료도 해 나갈 거야. 그렇지만 환자에게 좀 더 도움을 주기 위해서는 환자의 그런 증상들이 본인에게 어떤 의미가 있는지도 알아보아야 해.

　내가 환자에게 왜?라고 질문하라는 것은 K선생 자신에게 하라는 말이야. 환자에게 왜 그런 증상을 보이느냐고 물으면 환자 대부분은 대답을 못 하지. 그렇지만 환자에게 그런 질문을 함으로써 K선생은 환자가 왜 그런 증상을 보이는지 생각하기 시작하지. 저 환자는 왜 저런 증상을 보일까? 그 의미는 무엇일까? 그런 식으로 의문을 품어야 환자를 이해하게 돼.

　생각하는 힘. 그것은 질문에서 나오고 질문은 나와 환자 모두를 성장시킨다는 점을 꼭 기억하길 바란다."

문제 리스트

전공의 K선생이 자해 행동을 보여 입원한 20대 여자 환자에 대해 발표한다. 행동치료에 근거하여 환자와 가족의 문제점을 문제 리스트로 요약하여 보고한다.

문제 리스트에는 총 17개의 문제가 제시되어 있었는데 불안, 우울, 자해, 공격성 같은 증상도 있고, 가족관계(아버지, 어머니, 형제), 집안 환경, 학교생활, 친구 관계, 비만, 감정 표현 같은 문항도 적혀 있었다. K선생은 환자와의 면담을 통해 문제 영역을 파악했다고 한다.

K선생이 발표를 마치자 내가 말했다.

"환자가 힘들어하는 점을 리스트로 만들어 발표하니 일목요연하게 눈에 확 들어오네. 환자를 열심히 본 표가 난다."

내 말에 K선생의 입가에 미소가 번진다.

"이렇게 17개의 영역으로 나누어 문제를 제시하였는데 면담을 통해 그 문제가 얼마나 해소되었는가?"

"문제를 해소하기보다는 그 환자의 삶에 어떤 문제가 있는지를 명확하게 하기 위해서입니다. 일종의 명료화clarification입니다."

"그렇구나. 환자가 혼란에 빠져 있을 때 명료화는 많은 도움을 주지. 그런데 K선생, 화살로 과녁을 맞히려 할 때 과녁이 한 개가 있는 게 좋을까? 아니면 17개가 있는 게 좋을까?" 내 말뜻을 알아차렸는지 K선생이 고개를 숙이고 아무 말을 하지 않는다.

"K선생은 환자가 보이는 문제를 해결하기 위해 문제 리스트를 만들었겠지만, 문제를 그런 식으로 많이 제시하면 해결도 되지 않을뿐더러 상황을 더 복잡하게 만들 수가 있어. 의사가 그런 식으로 문제를 정의하면, 환자는 원래는 문제라고 생각하지 않았던 것을 입원해 있는 동안 문제로 받아들일 가능성이 높아져. 왜냐하면 환자는 자신을 담당하고 있는 의사의 의견에 영향을 많이 받거든. 의사가 〈그건 해결해야 할 문제야〉라고 하면, 환자는 그것을 또 다른 해결해야 할 문제로 인식하게 되지.

문제가 무엇인가를 규명하고 정의하는 것도 중요하지만, 삶에 대한 저항력이 떨어져 있는 환자 경우에는 해결해야 할 문제를 가능한 한 최소화하는 것이 도움이 돼. 환자가 자신의 문제가 이러이러하다고 여러 가지를 말해도 그런 문제는 일상생활에서 누구나 갖고 있다는 식으로 바꿔 생각하도록 돕는 게 필요해. 그리고 환자 스스로 할 수 있는 것과 할 수 없는 것으로 나누고 할 수 있는 것에 초점을 맞추는 게 좋아.

내가 보기에 이 환자에게서는 자해 행동을 주된 문제로 설정하여 그것을 어떻게 줄이거나 막을 것인가를 놓고 이야기 나누는 게 좋을 것 같다. 자해 행동을 대체할 수 있는 다른 건설적인 행동을 찾아내는 거지."

반가운 환자

외래로 들어올 때 환하게 웃는 환자가 참 반갑다. 저번보다 훨씬 좋아졌다며 몇 번이나 고맙다고 하는 환자가 나는 반갑다. 그러나 제일 반가운 사람은 이제는 약을 끊고 자신의 의지로 병을 극복해 보겠다고 말하는 환자다.

외래 진료를 볼 때마다 가끔 환자들과 싸운다.

"이제는 약을 먹지 않아도 될 것 같습니다. 약을 끊으면 한 3일 정도 불편하지만 곧 괜찮아질 겁니다. 그러니 한번 끊어 보시죠." 내가 말한다.

"약을 먹으면 편안한데 왜 그럽니까? 혹시 장기적으로 복용하면 몸에 안 좋습니까?"

"그렇지는 않습니다. 하지만 심리적으로 의존하는 것은 좋은 게 아닙니다. 증상이 호전되었으니 이제는 끊어 보시지요. 이 정도 용량이면 매일 1시간 걷는 운동으로 대체할 수 있습니다."

"그래도 그대로 처방해 주이소. 편하게 살랍니다."

환자 대부분은 약을 끊어 보자는 내 말을 받아들이지 않는다.

정신증이 아닌 신경증 환자 경우에는 길어도 1년 정도 약을 복용한 후에는 끊기를 시도해 보는 것이 좋다고 생각한다. 정신과 약은 신체적 의존성(약을 끊으면 금단 증상이 나타나는 것)은 없지만, 심리적 의존성(약을 먹으면 마음이 편해지는 것)은 있어서 일정 기간 복용한 후에 증상이 호전되면 끊는 것이 좋다. 그것을 환자에게 가르쳐 주고 격려해 주어야 한다.

오늘 외래에 온 신경성 우울증을 앓고 있는 한 50대 여자 환자는 다른 과에서 받았다며 180일 치 약을 보여 준다. 먼저 6개월 만에 한 번 의사를 만나 어떤 도움을 받고 있는지 궁금했다. 환자-의사 관계에서 아주 중요한 것중의 하나가 연결connection이다. 연결을 다른 말로 하면 관심과 사랑이다. 이러한 연결은 서로 자주 만나야 유지된다. 게다가 그 약의 대부분이 꼭 필요한 치료제라기보다는 영양제라는 점이 놀라웠다. 그 환자는 의사에게 이런저런 약을 처방해 달라고 부탁했다고 한다. 내가 영양제를 먹는 것보다 매일 땀을 흘리는 1시간 운동이 더 좋다고 말하자 환자가 화를 낸다.

어릴 때 내가 밥을 남기면 어머께서는 이렇게 말씀하셨다.
"나중에 죽으면 니가 남겨 버린 밥을 다 주워 먹어야 할 거다."
그런 기억을 떠올리면 생전에 내가 환자에게 불필요하게 처방한 약을 내가 죽은 후에 먹어야 할지도 모른다는 생각이 든다.

산을 오르는 길은 다양하다

50대 중년 여자가 극심한 가슴 통증을 호소하며 외래에 왔다. 호흡기 내과와 순환기 내과에서 정밀 검사를 했지만 이상 소견이 발견되지 않아 정신과로 의뢰된 것이다.

통증이 있으면 사람은 자신에게 뭔가 문제가 있다는 것을 자각하게 되고 나아가 그 문제가 더 진행되는 것을 막을 수 있다. 그런 점에서 통증은 아주 중요한 신호다.

그런데 그 환자가 호소하는 통증의 양상이 독특했다. 환자는 잠들기가 어렵다고 하였는데 그 이유는 가슴 통증이 주로 자정 무렵에 나타났기 때문이다. 통증이 지속되지 않고 특정 시간대에 나타난다는 점, 그리고 호흡기와 순환기 내과 진료에서 신체적으로 이상이 없다는 점은 그 통증의 근원이 심리적일 가능성을 시사한다.

그 심리적 요인은 환자 본인이 알고 있을 수도 있고 모를 수도 있다. 마찬가지로 의사가 알아낼 수도 있고 못 찾을 수도 있다. 이유를 알아내는 데는 많은 시간이 걸리고 설혹 알아내지 못한다고 하더라도 증상을 조절하는 데는 큰 어려움이 없다.

한 달에 한 번 외래 진료를 통해 조금씩 정보를 모았고 그런 파편적인 정보를 종합해 보면 다음과 같이 추론할 수 있었다.

어느 날 부인은 우연히 남편의 핸드폰을 보고 불륜을 의심하기 시작했다. 그러나 남편에게 직접 확인하지 못하고 마음속으로만 끙끙 앓았다. 혹시 그 사실을 남편에게 물었다가 남편으로부터 이혼하자는 말이라도 들을까 봐 겁이 났기 때문이다.

환자의 부친 역시 환자가 어릴 때 바람을 피웠는데 자정이 가까워져도 부친이 집에 오지 않으면 모친이 어린 환자를 데리고 부친이 갈 만한 술집을 전전하곤 했다. 그리고 술집에서 여자와 함께 있는 부친을 발견하고 함께 집에 오곤 했다.

이런 일은 환자가 초등학교 들어가기 전에 있었던 일로 환자 본인도 까마득히 잊어버리고 있었다. 진료실에 와서 이런저런 떠오르는 이야기를 하다 보니 문득 어린 시절의 일이 생각났고 그러자 부인은 가슴 통증이 주로 자정 무렵에 나타나는 것은 부친에 대한 어린 시절의 기억과 연관이 있을지도 모른다는 생각이 들었다. 일종의 통찰이 생긴 것이다. 물론 이런 해석이 맞을 수도 있고 틀릴 수도 있지만 맞고 틀리고는 중요하지 않다. 단지 논리적으로 추론해 보는 것이고 환자 본인이 아하! 하고 깨달으면 되는 것이다.

환자가 심리적 요인으로 가슴 통증을 보일 때 정신과 의사는 자신의 스타일대로 여러 가지 방식으로 치료하게 된다.

첫째, 특별한 설명 없이 약만 처방해 준다. 약만 먹어도 가슴의 통증이 현저히 줄어들기 때문이다.

둘째, 두루 뭉실하게 화병이라고 말하면서, 즉 마음의 화가 모여 가슴 통증이 되었다고 설명해 주고 약을 처방한다.

셋째, 심리적으로 설명한 후에 정신분석적 치료를 제안한다. 예를 들어, 가슴의 통증은 표면적으로는 현재의 남편에 대한 의심 때문에 발생한 것으로 보이지만, 그 밑에는 어린 시절의 아버지에 대한 분노 때문일 가능성이 크다. 이런 심리적 구도에서 남편은 아버지의 자리에 앉아 있고 부인은 어머니의 자리에 앉아 있다고 말해 준다.

넷째, 불교 심리적 접근 방식을 택할 수도 있다. 〈통증 x 저항 = 고통〉이다. 통증을 통증으로 받아들이지 못하고 저항할 때 고통이 온다. 여기서 받아들인다는 것은 통증이 있을 때 그 원인을 생각하지 않고 오직 감각으로만 느낀다는 것이다. '아! 통증이 있구나' 하고 그 감각에 머물러 있으면 통증이 있어도 고통스럽지는 않다. 그렇지 않고 가슴 통증이 있을 때마다 왜 통증이 있지 하면서 온갖 생각을 일으키면 그 생각 자체가 고통을 유발한다.

약 처방은 장기간 할 수도 있고 아니면 일시적으로 복용하게 하면서 운동이나 명상, 호흡법 같은 대체 요법을 권유할 수 있다. 내 경우는 약보다는 대체 요법을 권하는 편이다.

정신과를 찾아오는 환자들에서 증상은 같아도 처방은 다를 수 있다. 논리적이고 지적인 해석이 더 잘 통하는 환자도 있고 불교식 처방이 더 효과적인 환자도 있다. 혹은 굳이 마음의 상처를 헤집을 필요가 없거나 심리적 해석을 이해할 능력이 안될 때는 그냥 약만 먹으면 좋아진다고 말하는 게 더 좋을 수도 있다.

　　산을 오르는 길은 다양하다. 어떤 길이 더 좋다고 할 수는 없다. 중요한 것은 환자에게 가장 도움이 되는 처방을 내리는 것이다.

개업의나 봉직의로 〈살아남기〉에 대하여

개업해 있는 한 중견 정신과 의사가 의국에서 전공의 선생들을 대상으로 〈개업의나 봉직의로 살아남기〉라는 주제로 강의했다. 의료 환경은 날이 갈수록 어려워지고, 환자들은 더 이상 소극적이지 않아서 의료분쟁이 날로 늘어가는 이 시대에, 가능한 한 의료 사고에 휘말리지 않도록 조심하면서 어떻게 살아남아야 하는가? 그런 내용이었다. 앞으로 정신과 전문의로서 살아가야 할 후배들을 진심으로 위하는 마음에서 그런 강의를 했고 나 역시 강연자의 그런 마음이 충분히 이해되었다.

그런데 〈살아남기〉라는 말이 마음에 걸렸다. 내 생각에 살아남는다는 것, 생존한다는 것은 극한 상황에 놓여 있는 경우에 사용하는 말이다. 평상시에 그 말이 삶의 목표는 될 수 없다. 그보다는 〈창조하기〉라는 말이 더 적절하다는 생각이 들었다. 정신과 의사로서 자기 삶을 어떻게 창조할 것인가? 이런 주제로 강의했으면 좋았을 거라는 아쉬움이 들었다.

전문의 자격을 취득하기 전까지는 오로지 정해진 과정대로 나아가는 것이 의사의 삶이다. 학생 시절에는 공부하고 시험 치고 쉬고, 전공의 때는 공부하고 일하고 쉬고, 무척 고통스러워 보이지만 달리 생각하면 쉬운 삶이라고 볼 수도 있다. 정해진 과정을 밟아 나가는 것이기 때문이다.

전문의가 되는 과정이 험준하고 높은 산을 오르는 것과 같이 힘들다고 하더라도, 필요한 장비를 준비한 채 가장 효율적인 루트로 올라가면 생각만큼 그렇게 힘들지는 않다. 설혹 힘들다고 하더라도 여러 사람이 다 함께 올라가고, 올라가는 기간(전공의 수련 과정) 역시 4년으로 정해져 있어서 마음만 강하게 먹으면 충분히 견딜 수 있다.

전문의를 받고 사회로 나와도 의사들의 삶은 다른 직업에 비하여 상대적으로 안전하고 평탄한 코스를 선택해 산을 오르는 것과 같다고 생각한다. 그런데도 최소한의 모험조차 두려워하면서 조금의 손실과 아픔도 겁을 내면서 사회에서의 의사 생활이 얼마나 어려운지 강조하는 것이 나는 못마땅한 것이다.

전문의가 되어 사회로 나가는 의사들에게 가장 필요한 것은 '어떻게 하면 돈을 많이 벌 것인가?' '어떻게 하면 편하게 살 것인가?'에 관한 정보나 조언이 아니라, '어떻게 하면 의사로서 가장 의미 있는 삶을 살 것인가?' '어떻게 하면 한 번뿐인 이 삶을 의사로서 완성할 것인가?'라는 자신에 대한 치열한 의문과 도전 정신이다.

『차라투스트라는 이렇게 말했다』에서 내가 좋아하는 구절을 떠올려 본다. '인간은 짐승과 위버멘쉬 사이를 잇는 밧줄이다.

심연 위에 걸쳐 있는 하나의 밧줄이다. 저편으로 건너가는 것도 위험하고, 건너가는 과정도 위험하고, 뒤돌아보는 것도 위험하고, 벌벌 떨고 있는 것도 위험하며, 멈춰 서 있는 것도 위험하다.'

『차라투스트라』에서 위버멘쉬는 좀 더 건강한 인간, 좀 더 높은 인간, 좀 더 나은 인간, 좀 더 고귀한 인간, 늘 자신을 넘어서는 인간, 늘 상승 운동하는 인간, 현재의 상태를 극복하려고 하는 인간을 의미한다. 한마디로 위대한 인간이다.

짐승에서 위대한 인간으로 건너가는 그 모든 것이 위험해도 인간으로 태어난 이상은 그 길을 가야 한다. 그게 우리 삶의 목표이자 존재 이유다. 의사의 삶 역시 예외가 아니다.

내가 비극을 즐겨 읽는 이유

고통苦痛에서 고苦는 '쓰고 괴롭다'라는 의미이고 통痛은 '아프다'라는 뜻이다. 고苦는 정신적 차원의 아픔이다. 불교에서 말하는 〈인생은 고苦다〉에서 고苦는 정신적 번뇌를 의미한다. 반면 통痛은 육체적인 아픔으로 육체적 차원에 있다.

정신적인 고와 육체적인 통, 이 두 개의 관계를 연구하는 것, 정신적인 고가 어떻게 육체적인 통으로 나타날 수 있는가를 공부하는 것, 그것이 정신과의 핵심이라고 나는 생각한다.

정신과는 마음의 고통을 다루는 학문이기 때문에 좋은 정신과 의사가 되려면 인간에게 고통을 안겨주는 비극을 공부하는 게 필요하다. 비극을 읽고 인간이 겪을 수 있는 마음의 고통을 간접적으로 경험하는 것이 환자 진료에 많은 도움이 된다.

그래서 나는 틈날 때마다 그리스 비극을 읽는다. 현재 전해지고 있는 그리스 비극은 아이스퀼로스Aischylos(BC 525-BC 456)의 7편, 소포클레스Sophokles(BC 496-BC 406)의 7편, 에우리피

데스Euripides(BC 480-BC 406)의 19편 등 33편으로 2,500여 년 전의 글이라고 하기에는 믿기지 않을 정도로 너무나 생생하게 인간이 겪을 수 있는 고통을 전해준다.

나는 특히 소포클레스의 『오이디푸스 왕』을 사랑하는데, 그 이유는 문장이 아름다울 뿐 아니라 (예를 들면, "마님께서는 남편에게서 남편을, 자식에게서 자식을 낳게 한 이중의 혼인을 슬퍼하셨어요.") 프로이트가 이 책에서 자신의 오이디푸스 콤플렉스 이론을 발견했기 때문이다. 프로이트는 이 책에서 인간이라면 누구나 예외 없이 태어날 때부터 아버지를 죽이고 어머니를 사랑하고 싶은 마음이 구조적으로 형성되어 있다는 사실을 발견한다. 책에서는 자신의 어머니이자 아내인 이오카스테가 오이디푸스에게 이렇게 말한다.

"그러니 당신은 어머니와의 결혼을 두려워 마세요. 이미 많은 남자들이 그 신탁에서처럼 꿈속에서도 어머니와 동침했으니까요. 그런 일을 아무렇지도 않게 여기는 자라야, 인생을 가장 편안하게 살아가지요." (『소포클레스 비극 전집』, 소포클레스 지음, 천병희 옮김, 도서출판 숲, 2008, (68쪽)

그리스 신화에서 이런 내용은 그 어디에도 없다. 아버지를 죽이고 어머니와 결혼한다는 비극적인 내용만 있을 뿐이다. 그러나 위대한 작가 소포클레스는 이런 마음이 인간의 보편적인 심리라는 것을 간파하고 그것을 이오카스테의 입을 통해 말한다. 그리고 위대한 정신분석가 프로이트는 그 말에서 굉장한 영감을 받아 인간 심리의 새 지평을 연다.

　오이디푸스 콤플렉스의 핵심은 아버지를 살해하고 어머니를 사랑하는 것이 아니다. 그런 감정은 곁가지에 불과하다. 오이디푸스 콤플렉스의 중요성은 어머니와의 관계를 끊고 아버지와의 동일시를 통해 아버지의 법을 따름으로서 정상화의 길로 갈 것인지 여부이다. 여기서 아버지의 법이란 도덕과 양심과 사회 규범을 말한다. 정상인이 되느냐 아니면 정신병자나 도착증 환자가 되느냐는 바로 오이디푸스 콤플렉스의 극복 여부에 달려있다. 아버지의 법을 따르지 않고 계속 어머니에 고착되어 있으면 정신병 환자나 도착증 환자가 되는 것이다.

감정이입과 동감

"다른 사람들이 제 마음을 어찌 알겠습니까?"

말기 암 환자들한테서 자주 듣는 말이다. 또는 억울한 일을 당한 사람들이 자주 하는 말이다.

"자식이 어찌 부모 마음을 알겠습니까?"

문제를 일으키는 자식을 둔 부모가 한탄조로 내뱉는 말이다.

억울한 일이나 고통스러운 일을 당했을 때 사람들이 가장 듣고 싶어 하는 말이 바로 "내가 니 마음 안다. 내가 니 편이다"이다. 살아가면서 그런 말은 많이 듣지만 정말로 그렇게 느껴지는 때가 얼마나 될까?

그렇게 느끼려면 상대방이 내 마음속으로 들어와 내 자리에 앉아야 한다. 그것에 가장 적합한 말이 영어로 empathy이다. 감정이입 혹은 공감으로 번역되는 단어다. em은 into라는 의미고 pathy는 감정이라는 뜻이다. 그래서 empathy는 into pathy, 즉 〈감정 속으로〉이다. 상대방의 감정 속으로 들어간다는 것이다.

이게 가능할까? 갓난아기와 그 아기를 안고 있는 엄마의 경우에는 가능하다. 아기가 불안해하면 엄마도 불안해하고 아기가 기뻐하면 엄마도 따라 기뻐한다. 부모-자식 관계에서 부모가 자식에 대해서는 가능할지도 모른다. 그러나 자식이 부모에 대해서는 거의 불가능하다. 진정으로 사랑하는 연인 관계나 부부 관계에서도 가능할지 모른다. 자비와 사랑의 눈으로 대상을 바라보는 부처와 예수의 경우에는 가능하다. 그러나 대부분의 평범한 대인 관계에서 empathy는 거의 불가능에 가깝다.

empathy와 비슷한 단어로 sympathy가 있다. 동감, 동정, 연민, 동조, 때로는 공감으로 번역되는 단어다. 이 sympathy의 어원은 sym은 with라는 의미고 pathy는 감정이다. 그래서 sympathy는 with pathy, 즉 〈감정과 함께〉이다. 상대방의 감정과 함께 있다는 것이다. 상대방이 슬퍼하면 그 감정 속으로 들어가지는 못하지만, 그 감정에 함께 머물러 있을 수는 있다는 말이다.

이 sympathy는 가까운 대인 관계나 혹은 전문적인 수련을 받으면 가능하다. 일상생활에서 우리가 공감이라는 단어를 사용할 때는 대부분 empathy가 아닌 sympathy를 의미한다.

그래서 sympathy 능력을 갖추면 좋은 정신과 의사이고 empathy 능력을 가지면 아주 뛰어난 정신과 의사가 된다.

슬픔은 나의 문제다

슬픔은 전염성이 있다. 슬픔은 동정이나 연민을 불러일으킨다. 내가 환자나 보호자에게서 슬픔을 자주 느낀다면 그것은 나의 문제로 보아야 한다. 내 마음 안에 슬픔이 있고 그 슬픔을 밖으로 투사한다는 것을 의미한다. 그래서 환자나 보호자가 내 앞에서 눈물을 흘리거나 슬픈 눈빛을 보이면, 환자와 적절한 거리를 유지하지 못하고 지나치게 동정적으로 반응한다.

젊을 때는 '내가 동정심이 많구나'라고 생각했는데 정신분석을 공부하고 난 후에는 그게 내 문제라는 것을 알게 되었다. 내 마음속에 슬픔이 많은 것이다. 두 가지 일이 생각난다.

조현병을 앓고 있는 한 30대 여자 환자다. 오랫동안 이 환자를 진료하다 보니 딸 같다는 생각이 들어 면담할 때는 말을 놓는다. 오늘 이 환자가 내 앞에서 소리 없이 눈물을 흘린다. 그 모습을 보고 있으니 내 마음이 아프다.

"무슨 일 있었니?" 내가 조심스럽게 물었다.

"사귀던 남자친구가 헤어지자고 해서 헤어졌어요."

"그랬구나. 얼마나 사귀었니?"

"낮 병동 나가면서 사귀었어요. 2년 되었어요."

"그랬구나. 그 남자친구하고 무슨 일이 있었니?"

"저 보고 동작이 느리고 뚱뚱하다면서 싫대요."

"그랬구나. 내가 보기에는 하나도 안 뚱뚱하고 참 이쁜데."

"엄마도 교수님과 똑같은 말을 했어요. 그렇지만……."

"너 마음이 많이 아프겠다."

"교수님. 제 마음에도 슬픔이 있어요. 말하지 않아도 교수님은 제 마음 알 것 같지만."

그 환자가 말한 〈제 마음에도 슬픔이 있어요〉라는 말이 이상하게 내 마음을 흔들었다.

"그렇구나. 내가 뭐 도와줄 일은 없을까? 힘이 되어 주고 싶은데."

"엄마와 언니가 많이 도와줘요. 교수님은 그냥 제 옆에 있어만 주면 돼요."

"그렇게 할게. 네가 힘들면 내가 외래 볼 때 언제라도 온나. 너에게는 항상 시간을 내어 줄게."

그 환자가 나가고 나는 〈제 마음에도 슬픔이 있어요〉라는 말이 왜 그렇게 내 마음에 다가왔는지 생각해 보았다. 내 마음속의 슬픔과 공명 작용을 했기 때문일 것이다. 그리고 그 말이 어디선가 들어본 것 같다는 생각이 들었다.

어디에서였지? 그리고 생각해 냈다. 이치현과 벗님들의 〈집시 여인〉이라는 노래였다. 그런데 그 가사에는 〈내 마음에도 사랑은 있어〉이다. 사랑이 슬픔으로 바뀐 것이다. 어쩌면 나는 사랑의 속성을 슬픔으로 받아들이고 있는지도 모르겠다.

또 다른 경우인데 70대 할아버지와 할머니, 그리고 40대 딸이 외래를 방문했다. 개인 정신과 의원에서 대학병원을 권해서 왔다고 한다. 세 사람 모두 행색이 초라했다. 소견서에는 할머니가 할아버지를 의심하는 증상 때문에 의뢰한다고 적혀 있었다. 할아버지와 딸과 대화를 나눠 보니 의부증으로 생각되었다. 치료가 필요했다.

할머니는 귀가 안 들려 보청기를 껴야 대화를 나눌 수 있는데 그날따라 보청기를 가져오지 않았다. 할머니에게 약을 먹는 게 도움이 될 거라고 하자 "나는 아무 병이 없어. 나는 아무 병이 없어. 할아버지가 문제야"라고 고함쳤다. 내가 무슨 말을 해도 할머니는 계속 고함을 질러댔다. 면담이 불가능했다.

그 와중에 딸과 눈이 마주쳤다. 그 눈빛에서 슬픔을 느꼈다. 어떻게 해야 할지 모르겠다는 슬픈 눈빛. 결국 그들은 약 처방도 받지 않고 그대로 돌아갔지만, 오후 내내 딸의 그 슬픈 눈빛이 마음에 걸려 진료에 집중이 안 됐다.

이 딸의 경우에도 나의 문제가 투사되어서일 것이다. 다른 어려운 환자들도 많은데 그 딸의 눈빛이 유독 슬퍼 보인다는 것은 나의 문제가 딸에게로 투사되어 다시 내게로 돌아온 것일 거다.

내 마음속 슬픔의 근원은 무엇일까? 시간 날 때마다 생각해 보아야겠다.

오직 모를 뿐, 오직 행할 뿐

불행하다며 외래를 찾는 환자들의 경우 한 가지 공통점이 있다. 바로 생각이 많다는 것이다. 대표적인 것이 강박장애로 생각하지 않으려고 해도 자신의 의지와는 상관없이 안 좋은 생각이 반복해서 머릿속에서 일어난다. 우울증도 마찬가지다. 과거 안좋은 사건들이 생각나고 미래에 대해 암담한 생각들이 줄줄이 떠오른다. 그래서 더 우울해진다. 불안 신경증도 마찬가지고 조현병도 마찬가지다. 한마디로 말하면 생각이 모든 불행의 근원이다.

"무슨 일로 우울하다고 느낍니까?" "무슨 일로 불안하다고 느낍니까?" 이런 질문을 하면 대부분은 나름대로 이유를 댄다. 물론 이유 없이 그렇다고 말하는 사람도 적지 않다. 그렇다면 "우울하다는 느낌이 들지 않았을 때가 있습니까?" "불안하다는 느낌이 들지 않았을 때가 있습니까?"라고 물어보면 이런 대답을 한다. "어떤 일에 몰두할 때는 그런 느낌이 들지 않아요." 그 어떤 일이란 것이 설거지일 수도 있고 샤워하는 것일 수도 있고 심지어 화장실에서 용변 보는 일일 수도 있다. 그러니까 어떤 일을 하는 그 순간에는 생각이 없어지고 그러면 우울하거나 불안하다는 느낌이 사라지는 것이다. 어떤 일을 할 때 행복감을 느낀다고 말하는 사람도 몰입하기 때문이다. 몰입해서 행복한 것이 아니라 몰입을 통해 생각이 없어지기 때문에 행복한 것이다.

일찍이 숭산 스님이 늘 강조하신 말씀이 있다. 〈오직 모를 뿐, 오직 행할 뿐.〉 처음에는 그 의미를 가볍게 생각했다. 매사 모른다는 겸손한 마음으로 열심히 생활하는 것이 중요하구나 하고 받아들였다. 그런데 곰곰이 되새길수록 정말로 타당한 말씀이라는 생각이 든다. 자신이 하는 행위에 순간순간 집중하면 생각을 없앨 수 있고 그러면 모든 고통을 잊을 수 있다는 말인 것 같다.

진료실에서 환자를 대하면 대할수록 생각의 폐해를 실감한다. 부정적인 생각은 부정적인 감정을 낳고 그 둘은 합작하여 파괴적인 행동을 낳고 그것은 또 생각을 더 부정적으로 만든다. 그래서 서양에서는 강박장애의 경우 〈생각 중단하기〉 기법을 적용하지만, 동양에서는 생각을 중단하려는 것조차 또 다른 생각으로 보기 때문에 아예 생각을 내려놓으라고 가르친다. 일체 모든 행동에 정신을 집중하라고 한다. 불가에서 108배나 3천 배를 하라는 이유도 바로 생각을 내려놓기 위해서다. 그런 점에서 숭산 스님의 가르침은 가장 뛰어난 정신과 처방이다.

불교 책에 이런 구절이 있어 인용해 본다.
"모르는 마음은 모든 생각이 일체 끊어진 마음이다. 모든 생각이 끊어질 때 마음은 텅 비게 된다. 텅 빈 마음 상태에서는 모든 게 가능하다. 계산기를 사용하려면 0 단추를 먼저 눌러야 한다. 화면에 0이라는 숫자가 뜨면, 0 곱하기 2도 0이고 1,000 곱하기 0도 0이다. 마음이 0의 상태로 돌아가면 모든 게 0이 된다. 모든 게 텅 비게 되면 마음은 텅 빈 거울과 같이 되고, 그 마음은 이 우주를 있는 그대로 비추게 된다."

환자를 많이 보던 한 선배의 조언

나를 아껴주는 한 정신과 선배님이 계신다. 연세가 많은 대선배다. 그분은 무척 겸손하다. 그리고 말수가 적다. 그 선배님 병원에 환자들이 구름같이 몰려드는데 대부분이 할머니 환자라고 한다. 선배님이 나를 많이 좋아해 주서서 그 병원에 방문한 적이 있다. 도대체 어떤 비법이 있는지 궁금했다. 선배님이 진료를 볼 때 옆에 앉아서 찬찬히 살폈다. 그런데 환자는 말을 많이 하는데 선배님은 거의 말을 하지 않았다. 고개만 끄덕이고 가끔씩 "힘들겠네"라는 말만 하고는 약 처방을 하였다. 그 선배님은 하루에 백 명 넘는 환자를 보고 있었다.

선배님께 물었다. "선배님, 어떻게 말을 거의 하지 않아도 환자가 이렇게 많이 옵니까?"

선배님이 말씀하셨다. "김 선생, 내가 여기서 50년 가까이 점방 문을 안 열었나. 그래서 내 싫다는 사람은 다 떨어져 나가고 내 좋다는 사람만 오니까 그렇지. 그리고 내가 말을 잘 안 하는 이유는 말할 게 별로 없어서지. 아는 것도 없고. 젊은 날에는 그게 부끄러워 학회에 가서 들은 이야기도 해 보고 했는데 환자들 반응이 영 아니더라고.

어느 날 내가 한 할머니에게 열심히 병에 대해 설명했더니 딱하다는 듯이 나를 보더니 '원장님예, 그냥 아무 말도 하지 말고 가만 있으소. 내가 원장님 얼굴 보러 오지 원장님 말 들으러 오는 게 아닙니더'라고 하시더라. 그 순간 깨달았지. '아! 내가 이 할매의 연인이구나.' 그다음부터는 고개만 끄덕이고 있지.

그래서 김 선생, 내가 니를 좋아해서 하는 말인데 젊을 때는 좀 안다고 막 씨부리도 괜찮은데 나이 들어서는 그렇게 하면 안 된다. 그러면 오히려 환자가 떨어진다. 그냥 환자 표정 보면서 니 표정도 그것에 맞추고, 한자리에 계속 앉아 있으면 된다. 인자, 니 궁금한 점이 풀렸나?"

오늘 외래 환자가 100명 가까이 되다 보니 문득 환자 표정에 내 표정을 맞추고 한자리에 계속 앉아 있으면 된다던 선배님의 말씀이 생각난다.

나는 행복하지 않은 신경증 환자다

환자들을 보면 삶은 언제나 나에게 비극으로 다가온다. 삶은 마치 먹고 먹히는 아프리카의 초원 같다. 그들의 이야기를 찬찬히 듣다 보면 증상이 환자를 덮치는 것이 아니라 환자가 증상을 선택하는 것 같다. 삶이 너무나 괴로워서 그 고통에서 벗어나기 위해 증상을 가지는 것 같다. 삶의 고통과 증상의 고통 중에서 증상의 고통을 견디는 것이 덜 힘들어서 증상을 선택하는 것처럼 여겨진다.

그러한 의문이 사실임을 프로이트는 무수한 사례를 통해 입증한다. 그는 한 걸음 더 나아가 환자는 증상을 통해 쾌락을 느낀다고도 말한다. (오해하지 말길. 정신분석적으로 그렇다는 말이다.) 모순되는 말 같지만, 실제 환자를 대하다 보면 프로이트의 말이 맞다는 생각을 하게 된다. 증상 자체가 삶의 고통으로부터 자신을 지켜 주는 든든한 방패 역할을 하는 경우를 자주 보기 때문이다.

나는 많은 시간을 정신과 환자들과 함께 보낸다. 진료 시간 이외에도 그들은 나의 마음속에 살아 있다. 그들이 내뱉은 고통과 비극의 말은 내 몸에서 쉽게 빠져나가지 못하고 가슴속 응어리가 되어 자리를 잡는다. 그것에게서 벗어나기 위해 나는 늘 꿈을 꾼다. 따뜻한 환상의 꿈을.

비록 삶이 따뜻하다는 것이 오인과 환상일지라도, 그런 오인과 환상이 없으면 살아갈 수 없어서 나는 매일매일을 환상과 꿈의 세계에 빠져 살아가고 있다.

프로이트는 말한다.

'행복한 사람은 환상(꿈)을 쫓지 않는다. 오직 만족을 모르는 자만이 환상(꿈)을 쫓는다. 충족되지 못한 욕망은 환상(꿈)을 움직이는 힘이고, 모든 환상(꿈)은 욕망의 완결이며 동시에 만족을 주지 못하는 현실에 대한 보정이다. 정신분석적으로 볼 때 인간이 환상(꿈)을 쫓는 이유는 충족되지 못한 욕망을 환상(꿈)의 세계에서나마 충족시키기 위한 것이다.'

그런 점에서 나는 행복하지 않은 신경증 환자다.

이름이란 무엇인가?

환자 중에 이름을 바꾸는 사람이 있다. 나름대로 여러 가지 이유가 있을 것이다. 바꾼 이름을 보면 크게 세 가지로 분류할 수 있다.

첫 번째는 병이 낫기를 원하는 소망이 담겨 있는 이름이다. 두 번째는 종교적인 의미가 있는 이름으로 주로 기독교인에게 많다. 세 번째는 자신이 좋아하는 배우나 유명인의 이름을 따르는 것이다.

인간에게 이름은 무엇인가? 이름은 인간과 동물을 구분하게 하는 상징이다. 이름은 언어이고, 이름이 있다는 것은 언어를 사용한다는 것이고, 인간만이 언어를 사용하기 때문에 이름이 있다는 것은 인간이라는 것을 의미한다. 물론 개나 고양이나 식물에도 모든 삼라만상에도 이름이 붙어 있지만, 그것은 모든 것 간의 차이를 구별하기 위해 인간이 붙여 준 명칭일 뿐이다.

인간에게 이름이 없으면 어떻게 되는가? 존재 자체가 소멸된다. 그래서 사람이 죽으면 호적 장부에서 이름을 말소한다. 이름이 없으면 존재 자체가 없어지기 때문에 인간이 아닌 귀신이 된다.

〈반지의 제왕〉, 〈나니아 연대기〉와 더불어 세계 3대 판타지 문학으로 손꼽히는 〈어스시의 마법사〉라는 연작이 있다. 영화로도 개봉되었다. 주인공이 악령의 이름을 알아내는 것이 영화 전체의 이야기다.

그 영화에서 악령이 탈출하는데 악령을 잡아 다시 감옥에 집어넣는 방법은 악령에게 자신의 이름을 불러 주는 것이다.

또 악령들을 가둬 놓고 자물쇠로 채우는데 그 자물쇠가 바로 문자다. 글자로 만든 자물쇠를 채우면 악령이 그곳을 못 나온다. 상징적 문자가 귀신의 회귀를 막아 주는 방어벽이 되는 것이다.

동양에서는 부적이 그런 역할을 한다. 부적은 글자다. 그냥 문자를 종이에 써서 붙이면 귀신이 꼼짝을 못한다. 중국 영화 〈강시 시리즈〉가 그런 내용이다. 동서양을 막론하고 똑같다.

귀신을 막는 방법은 귀신에게 이름을 붙여 주면 된다. 언어를 도입하면 귀신이 못 온다. 이처럼 이름은 살아 있는 존재냐 아니면 귀신이냐를 구별하는 기준이 될 정도로 아주 중요하다.

인간에게 이름은 어떤 특정 인간을 지칭하기 위한 고유 명사이지만, 중요한 점은 이름에는 의미가 없다는 것이다. 이름은 시니피에(의미)가 배제된 순수한 시니피앙(소리)으로서만 기능한다.

이름을 제외한 모든 단어는 시니피앙과 시니피에로 구성되어 있으며 시니피에에 대한 시니피앙은 나라마다 다르다. 예를 들어 〈나무〉라는 의미의 시니피에 경우 그것과 연결되는 시니피앙은 우리말은 [namu], 불어는 [arbr], 영어로는 [tri], 일본어는 [ki], 독일어는 [baum]이다. 이런 식으로 특정 시니피에에 대한 시니피앙은 언어마다 다르다. 그런데 이름만은 시니피에가 없는 순수한 시니피앙으로 기능한다.

그래서 이름은 다른 언어권으로 가더라도 똑같이 발음된다. 〈김철권〉이라는 내 이름을 예로 들어 보자면, 이 이름의 의미는 밝을 철, 권세 권이다. 그렇지만 영어로 내 이름을 [Kim Chul Kwon]이라고 하지 [Kim Bright Power]라고 하지는 않는다. 독일어도 그렇고 불어도 그렇고 스페인어로도 그렇다. 전 세계 어디에 가도 나의 이름은 [Kim Chul Kwon]으로 발음된다. 즉 〈김철권〉이라는 이름은 소리(시니피앙)로서만 기능하지 의미(시니피에)로서 기능하지 않는다는 것을 알 수 있다.

인간에게 이름은 그가 동물이나 사물이 아님을 나타내고, 존재가 소멸되지 않고 살아 있음을 보여 준다. 또한 사람마다 이름이 서로 다르다는 것(차이)을 통해 그의 존재를 드러낸다.

그들을 만나면 나는 항상 위로받는다

　진료실에서 많은 환자를 만난다. 언제부턴가 그들을 만나면 나는 마음이 편안하다. 나이 오십이 되어서야 그들을 만나는 순간이 나에게 얼마나 소중한지 깨닫게 된다. 그들의 말에 몰입하는 순간이 나는 행복하다.

　살아온 험난한 세월을 토로하는 할머니 앞에서 나는 착한 아들이 되고, 바람피우는 남편 때문에 속앓이하는 중년 여자 앞에서 나는 따뜻한 남편이 된다. 때로는 형이 되고 때로는 오빠가 된다.

　자기 말을 들어준다는 이유로 그들은 고마워하지만 정작 고마운 것은 나 자신이다. 상처받고 외롭고 쓸쓸한 그들이지만, 부끄러워하고 겁이 많고 때로는 자신만의 세계에 갇혀있지만, 그래도 그들은 세상의 어떤 사람들만큼 거칠거나 악하지는 않다.

　진료실을 벗어난 바깥세상에서는 늘 아귀다툼이 벌어지고 있다. 잠시를 못 기다려 경적을 울려 대고 자기 마음에 들지 않는다고 욕설해 댄다. 신문에 실리는 수많은 범죄나 인터넷에 돌아다니는 더러운 댓글들을 보면 나는 점차 이 사회가 이상해지고 있다는 생각을 떨쳐 버릴 수가 없다.

상대방을 지나치게 의식하고 배려하기 때문에 남 앞에 서면 목소리가 떨리고 손이 떨리는 환자들은, 부끄러움이 많아서 눈을 맞추지 못하고 시선을 어디에 두어야 할지 몰라 쩔쩔매는 환자들은, 혹시 다른 사람들이 내 흉을 보지 않을까 지나치게 남을 의식하는 환자들은, 상대방을 배려하기는커녕 의식조차 하지 않는 이기적인 사회에서 그 얼마나 아름답고 선한가!

외래에서 만나는 환자들은 세상의 그 누구보다도 순수하다. 그래서일까, 내가 외롭고 지칠 때마다 그들은 항상 나에게 위로와 용기를 준다.

우울증과 열정

정신의학에서 우울증의 진단 기준을 구성하는 요소들은 다음과 같다. 우울한 기분, 흥미나 즐거움의 상실, 불면이나 과다 수면, 정신운동 초조나 지연, 체중 감소나 증가, 피로나 활력의 상실, 죄책감, 집중력 감소 그리고 자살 사고 등이다. 모두 관찰될 수 있고 측정할 수 있는 것이므로 실용적인 면에서는 유효성이 크다.

그러나 내가 생각하는 우울증의 진단 기준은 단 하나 〈열정이 있느냐 없느냐〉이다. 내가 내린 우울증의 정의는 열정이 소멸된 것으로 말라 비틀어진 나무같이 죽어 가는 상태이다.

내 진단 기준에 따르면 정상인과 우울증 환자, 혹은 살아 있는 사람과 죽은 사람을 구별하는 유일한 기준은 오직 열정이다. 열정이 있으면 살아 있는 것이고 열정이 없으면 죽은 것이다. 노인이 되어서 열정을 잃은 것이 아니라 열정을 잃으니 노인이 된 것이다.

열정이 소멸되면 삶의 사막에 던져지게 된다. 메마른 사막의 모래 속을 헤매고 다니면서 어디로 가야 사막을 건널 수 있는지 방향 감각을 잃어버리게 되고, 어떻게 사막을 건너야 하는지 의욕을 상실해 버리며, 왜 사막을 건너야 하는지 목적의식을 상실해 버린다. 그건 죽음보다 더한 고통이며 살아도 산 것이 아니다.

열정을 유지하는 유일한 방법은 가장 중요하다고 생각되는 일에 몸을 던지는 것이다. 곁가지를 치지 말고 곧바로 삶의 심장을 찌르는 것이다. 두려워하지 말고 과감하게 나아가는 것이다. 자신이 원하는 것을 열망하고 도전하는 것이다. 결국 우울증을 극복하는 유일한 방법은 삶의 존재 의미와 이유를 깨닫는 것이다.

나이 들어 우울증에 걸리는 이유

요양병원에 가면 한때 잘 나가던 사람들을 많이 만날 수 있다. 정신과 외래에서도 간간이 만난다. 여러 가지 문제로 오지만 나이 들어 정신과를 방문하는 이유는 대부분 우울증이다.

나이 들어 우울증에 걸리는 이유와 관련이 있는 부분은 노년에 겪는 현실적인 문제이기도 하다. 첫째는 신체 건강이다. 몸이 아파지면 마음이 약해진다. 둘째는 경제적 문제다. 그러나 면담해 보면 경제적 문제로 우울증을 앓는 노인은 생각보다 그렇게 많지 않다. 셋째는 혼자서 시간을 보낼 수 있는 힘이다. 내 생각에는 세 번째 요인이 제일 중요하다.

외래에 오시는 분들이 노인이라고 자각하는 나이는 대략 75세경부터인 것 같다. 그 연령대 노인들이 늘 하는 말이 있다. 외롭다고 한다. 때로는 시간을 어떻게 보내야 할지 모르겠다고도 한다. 외로움이 심한 노인은 아침에 눈을 뜨지 않고 죽고 싶다고도 한다. 젊은 날에 그토록 원하던 자유로운 시간이 이제는 어떻게 해야 할지 모르는 커다란 짐이 되어 심장을 누르기 시작한다.

노년에는 친구가 중요하다고 한다. 맞는 말이다. 그러나 간과하고 있는 점은 나이가 들면 자연스럽게 친구가 없어진다는 것이다. 심지어 배우자도 없어진다. 나이가 들면 철저하게 혼자가 된다. 그 혼자라는 절대 고독을 잘 이겨내야 살아갈 수 있다. 그래서 노년에는 혼자서 시간을 보낼 수 있는 힘이 중요하다.

노년에 혼자서 시간을 보내는 힘이 없으면 무조건 우울에 빠진다. 자유 시간이 많으면 자기 존재에 대한 의문, 실존적인 질문이 계속 모습을 드러내기 때문이다. 내 삶의 의미는 무엇인가? 나는 무엇을 위해 살아왔는가? 등등. 피하려고 해도 그 의문은 복수의 여신처럼 끈질기게 따라다닌다.

혼자서 시간을 보내는 힘은 하루아침에 길러지는 것이 아니다. 이것은 생각하는 힘과 직접적으로 연결되어 있다. 생각하는 힘은 끊임없는 책 읽기와 글쓰기 또는 창작 활동을 통해 생겨난다.

나이 들어 우울증에 걸리지 않는 사람은 늘 무엇인가를 하고 있는 사람이다. 끊임없이 공부하는 사람이다. 남이 보기에 그 일이 가치가 있든 없든 상관없이 그 일에 올인하면서 시간을 보내는 사람이다.

내가 끊임없이 공부하는 것도 바로 이 세 번째 이유 때문이다. 일종의 노후 대책이다.

명함을 대하는 태도

얼마 전에 한 60대 남자가 부인과 함께 외래를 방문했다. 그는 외래에 들어오자마자 자리에 앉아 있는 나에게 다가와 명함을 주었다. 나는 자리에서 일어나 두 손으로 명함을 받았다. 명함에는 '대표이사 ○○○'이라고 적혀 있었다.

나는 그가 준 명함을 진료실 책상 위에 놓아두면서 내 명함을 주지 못해 죄송하다고 했다. 그리고 이렇게 말했다.

"대표 이사님이시군요. 그러면 제가 호칭을 이사님이라고 부르겠습니다."

그러면 대부분은 그렇게 하지 말라고 손사래를 친다. 그러나 내 경험으로는 환자의 이름을 부르는 것보다는 명함에 적힌 직위를 부르면 상대방이 훨씬 더 좋아한다. 이번 경우에도 내가 이사님이라고 부르면서 면담해 나가자 그의 얼굴에는 좋아하는 기색이 역력했다.

나에게 명함을 준다는 것은 내가 좋아서가 아니라 나로부터 좋은 진료를 받고 싶다는 마음을 드러내는 것이다. 자신을 함부로 대하지 말고 존중해 달라는 소망을 표현하는 것이다. 명함을 주지 않아도 나는 상대방을 함부로 대하지 않지만 그래도 걱정이 되어 주는 것이니 그 마음을 헤아리는 것이 도리에 맞는 일이다.

그래서 나는 진료실에서 명함을 받을 때는 언제나 명함을 보고 거기에 적힌 사회적 직위를 불러주면서 면담을 진행한다. 사장님, 회장님, 의원님, 교수님, 국장님, 부장님, 스님, 신부님, 목사님, 작가님, 그리고 선생님 등이다. 70세 이상은 모친과 부친이라고 부른다.

내가 뭐라고 불러야 할지 가장 어려웠던 적은 이런 명함을 받았을 때였다. 〈○○○ 철학관 ○○ 도사〉 도사님이라고 부르기도 그렇고 결국 선생님이라고 부르는 것으로 그 순간을 넘겼다. 그 도사님은 지금도 여전히 나를 찾아온다.

오늘 비가 올 듯이 흐린 날, 책장 정리하면서 그동안 받은 많은 명함이 눈에 띄기에 이 글을 적어 본다.

내 마음의 눈이 두 개인 이유는

　진료실에서 환자나 가족을 대할 때 나의 두 눈은 각기 다른 기능을 한다. 하나는 증상이나 병리적인 문제점을 찾고, 다른 하나는 좋은 점이나 장점을 찾는다. 정신과적으로 상태가 아무리 심한 환자라도 좋은 점이나 강점이 있다. 단지 환자의 증상이나 문제 행동에 집중하다 보니 그것을 보지 못할 뿐이다.

　조현병을 앓고 있는 40대 여자 환자가 있다. 키가 작고, 지능이 낮은 데다가, 한쪽 눈도 약간의 변형이 있어서 누가 봐도 호감형이라고는 하기 힘들다. 다른 병원에서 치료받다가 증상이 조절되지 않아 대학병원에 왔다. 입원시켜 난치성 조현병 때 사용하는 클로자릴 약을 투여한 후에 증상이 많이 안정되었다. 퇴원 후에도 여전히 자신을 욕하는 소리가 들리고 피해망상도 있지만, 그 강도가 약하고 본인 스스로 그런 증상을 안고 생활하고 있다.

　나는 다른 눈으로 아직도 그녀에게 어떤 좋은 기능이 남아 있는지 유심히 살피기 시작한다. 그리고 틈날 때마다 기록했다.

1. 외래 진찰실을 들어올 때 노크한다.

2. 먼저 인사를 한다.

3. 자발적으로 지난 한 달 동안 있었던 불편한 점을 말한다.

4. 매달 한 번 혈액 검사를 빠지지 않고 한다.

5. 내가 혈액 검사 결과를 깜빡 잊어버리고 말을 하지 않고 진료를 끝내면 그녀가 검사 결과를 묻는다.

6. 언제나 경어체를 사용한다.

7. 옷을 깨끗하게 입고 온다.

8. 몸에서 좋은 비누 냄새가 난다.

9. 손톱이 깨끗하게 깎여 있다.

   (누가 깎았는지 묻자 자신이 깎았다고 한다.)

10. 긴 머리를 단정히 묶고 온다.

11. (어머니와의 대화에 의하면) 어머니가 안심하고 외출할 수 있게 집을 지킨다.

12. 집에 손님이 찾아오면 먼저 인사를 한다.

13. 근처 마트에 가는 것과 같은 간단한 심부름을 한다.

14. 술이나 담배를 안 한다.

15. 한 번씩 화를 내지만 상황을 설명하면 수그러든다. 등등.

모든 사람은 강점과 약점을 동시에 가지고 있으며 단지 그 비율이 다를 뿐이다. 정신과 환자의 경우는 모든 강점이 증상에 의해 가려진다. 정신과 의사는 수련받을 때 정신병리와 같은 문제점(약점)만을 찾는 훈련을 받는다. 그래서 환자가 가진 좋은 점(강점)을 찾는 데는 서툴다. 수련받은 적이 없기 때문이다.

그러나 증상이 아무리 심한 환자라도 좋은 점이 있고 그 좋은 점을 발견해야 그것을 주춧돌 삼아 약하거나 부족한 부분을 보완할 수 있다. 이런 조그마한 강점을 징검다리 삼아 점차 서로 연결해 튼튼하고 커다란 다리를 만들어 가는 것이 바로 내가 해야 할 과제다.

왜 치료받아야 하죠?라고 물을 때

환자 단독으로 혹은 보호자와 함께 진료실을 방문하면 면담한 후에 내가 취하는 태도는 두 가지중 하나다. 굳이 정신과 치료를 받을 필요가 없다고 설명하면서 운동이나 대체 요법을 권하거나 혹은 치료를 적극적으로 해야 한다고 말한다. 당연히 진료실에서는 후자의 상황이 자주 일어난다.

"제가 보기에는 즉시 치료를 시작해야 합니다. 빠르면 빠를수록 좋습니다." 내가 말하면 "왜요? 왜 그래야 하죠?"라며 환자가 반문할 때가 있다. 또는 보호자가 반문하기도 한다. 이 순간이 중요하다. 치료를 시작할 수 있느냐 아니냐가 결정되기 때문이다.

내가 젊을 때는 "우울증이 심하니까요." "정신병적 증상이 심하니까요." "자살 위험성이 높으니까요"라고 말했다. 치료받아야 하는 이유로 병명이나 증상의 심한 정도를 말해 주는 것은 의학에서 가장 기본적인 태도다.

그러나 나이가 들수록 나는 병명이나 증상보다는 환자가 상실한 기능을 말하면서 치료를 권유한다. "불안해서 사람을 만나기가 힘들지요? 치료받으면 이전과 같이 사람들과 편안하게 어울릴 수 있습니다." "계속 누워 있고만 싶지요? 치료받으면 이전처럼 다시 움직일 수 있습니다."

때로는 환자나 보호자가 병명을 묻기도 한다. 그럴 때 병명은 치료를 위해 인위적으로 만든 것일 뿐 크게 중요하지 않다고 말한다. 대신 이렇게 말해 준다.

"심리적 제방이 있습니다. 댐이나 둑이라고 생각해도 됩니다. 물을 가두어 두는 그 제방에 구멍이 났습니다. 그대로 두면 구멍이 점점 커져 무너져 버리고 맙니다. 빨리 수리해서 메꾸어야 합니다. 빠르면 빠를수록 좋습니다."

증상이 심하면 큰 구멍이 여러 개라고 말해 주고 증상이 가벼우면 작은 구멍이라고 말해 준다.

입원을 권할 때도 마찬가지다. 이때는 외과 수술이나 다른 신체질환에 비유한다. 즉시 수술이 필요하므로 빨리 입원해서 수술받으면 그만큼 빨리 회복될 수 있다는 식으로 말해 준다. 때로는 출혈이 심하거나 뼈가 부러진 상태라서 빨리 지혈이나 깁스부터 해야 한다고 말해 준다.

정신과 병명을 말해 주는 것도 중요하지만 그보다는 환자의 상실된 기능을 강조함으로써 치료받고 싶다는 동기를 불러일으키는 것이 더 중요하다. 이때 환자 본인이나 가족이 환자의 상태에 대해 이미지화해서 머릿속에 떠올릴 수 있도록 말해 주는 것이 치료에 많은 도움이 된다.

"어무이요, 아부지요, 지금 아들이 낭떠러지 앞에서 눈을 감고 걷고 있습니다. 일단 눈을 뜨게 하고 안전한 장소로 피신시키는 게 제일 급합니다. 생각해 보이소. 일단 살고 봐야 안 되겠습니까?"

내가 환자 상태를 설명하기 위해 타로 카드를 자주 사용하는 이유도, 눈으로 보여 주는 것이 그 어떤 말보다도 가장 효과적이기 때문이다.

나이 환갑 넘어 정신과 진료에 눈을 뜨다

나이 환갑 너머 정신과 진료에 눈을 뜬 것 같다. 이제는 어떤 환자가 와도 진료하는 데 큰 어려움을 느끼지 않는다. 인간에 대한 호기심과 그동안 열심히 공부한 것이 쌓였고, 또 동료 정신과 의사들의 진료 기록이나 약 처방도 도움이 되었다.

정신과에서 사용하는 치료 기법은 크게 4가지로 약물치료, 행동치료, 인지치료, 정신분석치료다. 나는 이 4가지 치료 기법에 익숙해지려고 노력해 왔다.

약물치료는 정신의학의 주 치료 방법으로 가장 널리 사용된다. 약을 처방하지 않는 정신과 의사는 거의 없다고 해도 될 정도다. 그런 만큼 국내에서도 약물치료에 관해 공부하고 연구하는 의사가 많다. 약물치료 전문가는 그 약의 효과와 부작용을 정확하게 파악하는 사람이다.

그런데 약의 효과에 대해서는 많이 처방해 보면 알게 되지만 부작용은 환자에게 질문하지 않으면 파악하기 어렵다. 그래서 나는 많은 정신과 약을 먹어 보았다. 부작용을 경험해 보기 위해서였다. 내가 처방하는 약의 부작용을 알기에 나는 환자가 호소하는 부작용에 민감하게 반응하고 그것을 최소화하기 위해 적극적으로 노력한다. 그보다는 가능한 한 불필요한 약을 처방하지 않으려고 신경 쓴다. 약보다는 언제나 음식과 운동 그리고 대체요법을 중시한다.

그다음이 행동치료다. 미국에서는 널리 사용되지만 국내에는 전문가가 많지 않다. 다행히 나는 미국에서 행동치료를 공부했다. 인간의 행동을 바꾸고 수정하는 행동치료는 아주 강력한 효과를 나타내기 때문에 임상에 적용하면 많은 도움이 된다. 시중에 출판된 자기 계발서의 대부분은 행동치료에 기반을 둔 것이라고 할 수 있다.

세 번째는 인지치료로 세상과 자신을 보는 생각의 프레임을 바꾸는 것이다. 인지치료가 생겨난 이유는 정신분석치료의 단점을 보완하기 위해서다. 정신분석치료는 효과 여부를 떠나 치료 기간이 너무 길고 비용도 많이 들어 짧은 시간에 더 적극적으로 〈지금 그리고 여기〉에 집중해서 치료하는 기법이 필요했다. 그래서 나온 것이 인지치료다. 인지치료는 정신분석치료와 달리 양적 연구가 가능하다.

그런데 인지치료는 그 자체만으로는 효과가 적고 반드시 행동치료 기법이 동반되어야 큰 효과를 얻을 수 있다. 생각을 바꾸었다고 효과가 나타나는 것이 아니라 그것을 행동으로 옮겨야만 사람이 달라지는 것이다. 그래서 보통 인지행동치료라고 부른다.

인지치료 전문가가 되기 위해서는 치료자의 생각하는 힘이 뒷받침되어야 한다. 저 환자는 왜 저런 생각을 할까? 라는 의문이 들 때, 그 환자의 심리를 이해할 수 있다면 치료에 큰 도움이 된다. 때로는 환자의 심리를 몰라도 철학을 공부하면 논리적 대화법을 활용해 환자가 하는 말들 간의 모순을 찾아내 그것을 직면시킬 수 있다. 그래서 인지치료를 잘하려면 정신분석이나 철학도 동시에 공부하는 게 좋다. 모든 환자는 자기만의 역사가 있으므로 인지치료 책에 적힌 대로 순조롭게 진행되지 않을 때가 많다.

마지막으로 정신분석치료인데 내 경우에는 정신분석이다. 정신분석은 인간의 심리를 이해하는 것이고, 정신분석치료는 정신분석적으로 치료하는 것이다. 나는 정신분석치료는 덜 선호한다. 비용-효과의 측면에서 그렇다. 정신분석치료는 자신의 의식적 무의식적 내면세계를 충분히 탐구하고 이해하면 이전에는 없었던 공간이 마음에 생기고 수용할 수 있는 폭이 커지지만 그러기에는 치료자도 환자도 치러야 할 대가가 만만치 않다.

그렇지만 나는 정신분석에는 관심이 많다. 오랫동안 나는 정신분석을 공부했고 환자가 말을 하면 그 말 뒤에 숨어있는 말, 하고 싶은 말이 무엇인지 파악하는 힘이 생겼다. 환자가 하는 말이 그의 욕망과 일치하지 않는다는 사실도 알게 되었다.

이것은 내 진료 방식에 큰 변화를 가져왔다. 정신분석 공부를 통해 환자의 욕망을 읽는 눈을 가지는 것은 임상 현장에서 많은 도움이 된다. 환자와 많은 시간 대화를 나눈다고 해서 환자의 욕망을 파악하는 것은 아니다. 그런 눈이 없으면 오랜 시간 대화를 나눠도 계속 미로만 헤맬 뿐이다. 환자가 원하는 것은 단 하나, '아! 이 의사가 내 마음을 아는구나!'라는 것이다. 그게 환자에게 감동을 주고 치료받고 싶다는 동기를 유발한다.

절대로 과학으로만
정신 건강을 관리할 수 없다

〈절대로 과학으로만 정신 건강을 관리할 수 없다.〉이 말이
과학의 중요성을 부정하는 것은 아니다. 정신과 약이 개발되었
기 때문에 정신질환을 앓는 환자가 환자로서 인간으로서 대접받
을 수 있게 되었다. 짐승보다 못한 취급을 받던 위치에서 반인반
수를 거쳐 이제는 온전히 인간으로 대접받게 된 것도 절대적으
로 과학의 힘 덕분이다. 정신과 약이 개발되었기 때문에 쇠사슬
로부터 풀려날 수 있었고 온갖 고통스러운 치료 도구로부터 해
방될 수 있었다.

그러나 과학의 중요성을 아는 만큼 나는 과학의 한계도 말하
고 싶다. 과학의 효과를 더욱 완전하게 하려고 과학의 불완전성
문제를 제기하는 것이다.

과학이 할 수 없는 영역이 있다. 예를 들면 용기, 투쟁, 인내,
낙관, 희망, 신념 등과 같은 정신적인 면은 절대로 과학으로 성취
될 수 없다. 삶의 고통을 참고, 견디고, 극복하고, 도움받고, 원칙
을 지키고, 이겨 보려고 싸우는 그런 정신적인 노력이 없다면, 삶

을 사랑하고 몰입하고 헌신하는 자세가 없다면, 어떤 정신과 약도 백약이 무효이다.

좋은 정신과 의사가 되려면, 환자의 내면에 잠들어 있는 고귀한 정신적 자산을 끄집어내어 일깨워 줄 수 있어야 한다.

의학은 지성의 살해자다

　내가 생각하는 이상적인 교육의 목적은 세 가지다. 생각하는 힘을 키우고, 말이나 글로 자신을 표현하고, 자기 몸을 강하게 단련하는 것이다. 사유하는 힘은 철학과 인문학으로, 말이나 글로 자신을 표현하는 것은 문학과 예술로, 신체 단련은 운동으로 성취할 수 있다. 이것이 진정한 교육이며 자기 삶의 주인이 되고자 하는 사람에게 반드시 교육해야 할 내용이다. 이 세 가지 이외의 교육은 기능인을 양성하는 훈련이다.

　그런 점에서 의학은 기능인의 학문이다. 병으로 죽어 가는 사람을 살리고 아픈 사람을 돕는다는 면에서는 그 어떤 학문보다 높고 고귀한 가치가 있지만, 자신을 완성시킨다는 면에서는 철저히 기능인으로 만드는 훈련이다. 그래서 정신분석가이자 정신과 의사인 라캉은 〈의학은 지성의 살해자〉라고 말하는 것이다. 의학은 기능인을 양성하기 위한 훈련이지 지성인이 되기 위한 학문은 아니라는 것이다.

　의학은 자연과학과 마찬가지로 실험을 통해 가설의 옳고 그름을 검증하고, 반복 실험을 통해 사실 여부를 인정한다. 그렇기에 예술에서 중요시하는 직관과 상상력은 가설을 세우는 데는 필요할지 모르나 실험 단계로 들어가면 철저히 배제된다. 이러한 자연과학적 사고에 맞는 사람은 의학 공부가 맞을 수도 있다. 그러나 인문학적 기질을 갖고 있는 나로서는 의과대학 과정이 무척 힘들었다.

의대를 졸업하던 그 날, 나는 일기장에 이렇게 썼다. "고통스러운 6년이었다. 의과대학 6년 동안 합리성을 얻었지만, 상상력과 창의력은 죽었다. 어느 게 더 나은 거래인지 모르겠다."

의대 졸업 앨범에는 이렇게 적혀 있다. "지나간 6년간의 삶이 그만큼 떳떳한가? 아무런 부끄럼 없이 사랑하는 자의 얼굴을 그대로 직시할 수 있을 것인가? 고통스러운 6년이었다. 우리에 갇힌 한 마리 종달새가 푸른 창공을 비상하는 꿈을 꾸듯 감옥에 갇힌 한 죄수가 그 어릴 때 거닐던 푸르른 고향 들녘을 꿈꾸듯, 내 自由의 개념은 진정 가치 있는 것일까?"

대체로 의사들의 정신세계가 단순한(세상사에 때가 묻지 않아 순수한) 까닭은 의학 교육에도 원인이 있다. 눈에 보이는 것만을 믿고 정해진 일만 수행하도록 훈련(의학에서는 수련이라고 한다. 수련의 정확한 의미는 인격, 기술, 학문의 세 가지 요소를 배우는 것이다) 시키기 때문이다. 한눈팔지 않고 의학 공부만 하기 때문이다. 그래도 다행인 것은 의학의 한 분과인 정신의학에서는 정신분석이라는 인문학적 분야가 남아 있어 내가 숨을 쉴 수 있는지도 모른다. 그래서 더더욱 정신과 의사가 된 것이 고맙기만 하다.

불확실성과 애매모호함을 견뎌 내는 힘

정신과는 의학의 다른 과와 다르다. 확실한 검사 결과에 근거하여 치료 약을 처방하는 내과와도 다르고 수술로 치료하는 외과와도 다르다. 뇌의 이상으로 증상이 발생하는 것은 분명하지만 그 뇌의 이상이라는 것이 혈액 검사나 영상 검사로 분명히 알 수 있는 것도 아니다. 정신과에서는 환자의 말과 행동에 근거하여 진단을 내리고 치료 약을 결정한다.

정신과에서 행하는 약물치료 과정도 내과와는 다르다. 내과에서는 약을 처방하고 그 효과나 치료 결과를 검사 수치로 확인한다. 그러나 정신과에서는 약물치료 후 결과를 확인하는 방법이 환자의 말과 행동에서의 변화밖에 없다. 게다가 환자마다 약을 대사하는 정도가 달라서 같은 용량의 약을 복용해도 그 효과가 다르다. 그러니 약을 처방한 후에 효과가 나타날 때까지 지켜보는 수밖에 없다. 기다려 보고 안 되면 다시 약의 용량을 조절하거나 다른 약을 선택해야 한다. 보통은 한 가지 약을 치료 용량으로 쓴 후에 한 달 내외 기다려 보는 게 원칙이다.

기다림. 정신과 치료에서는 이 기다림이 아주 중요하다. 기다리기 위해서는 불확실성과 애매모호함을 견뎌야 한다. 불확실성과 애매모호함을 견뎌내는 힘. 이 힘이 세상을 살아가는데도 중요한 역할을 한다. 그런 힘을 갖고 있으면 언제 무슨 일이 일어날지 모르는 삶 앞에서도 초조해하거나 당황하지 않고 담담하게 맞설 수 있다.

눈에 보이고 손에 잡히는 것만을 맹신하는 이 시대에, 보이지도 않고 잡히지도 않는 것을 중시하는 태도는 어리석게 보일 수도 있다. 그러나 한 치 앞을 내다보기 힘든 세상을 살아나가기 위해서는 오히려 앞날에 대한 불확실성과 애매모호함을 견뎌내는 힘이 가장 강력한 무기다.

말해진 것과 말해지지 않는 것

진료실에는 말이 난무한다. 말이 진료실 공간을 떠다닌다. 대부분 아프고 슬픈 말이다. 말하기 힘든 사람은 말 대신 울음으로써 말한다.

정신과 의사 초기에는 환자가 말하는 그 〈말해진 것〉에만 신경을 썼다. 솔직히 그것이 모두인 줄 알았다. 그래서 환자에게 자신만만한 태도로 명쾌하게 말하곤 했다.

"아! 그렇습니까? 그것은 우울할 때 몸이 보이는 신체 증상입니다." "아! 그렇습니까? 그것은 불안할 때 나타나는 증상입니다." "아! 제가 보기엔 이런저런 증상을 보이기 때문에 이런 병입니다."

환자가 말하는 그 〈말해진 것〉을 적절한 증상과 진단명 속에 담으면 모든 것이 해결되는 줄 알았다. 실제로 많은 것이 해결되었다. 의사가 이런 병이라고 하면서 약을 주는데 환자가 무슨 말을 할 수 있겠는가?

그런데 정신과 의사 생활을 오래 하면서 나는 점점 〈말해진 것〉보다는 〈말해지지 않는 것〉이 더 중요하다는 사실을 깨닫게 되었다. 나무의 보이는 가지나 잎보다는 땅속에 파묻혀 보이지 않는 뿌리가 핵심이라는 것을 알게 된 것이다. 숨겨진 욕망이라고 표현해도 좋을 것이다. 그래서 환자가 말을 할 때 그 〈말해지지 않는 것〉을 추측하게 된다.

"교수님, 얼굴이 핼쑥하네요. 어디 몸이 안 좋으세요? 걱정되네요." 한 환자가 말한다.

"눈도 밝네요. 요즘 살 빼고 있습니다."

"아이고 다행이네요. 제가 얼마나 교수님 생각하는지 알고 계시죠?" 환자가 말한다.

(나는 교수님에게 신경 쓰고 있어요. 그러니 교수님도 저에게 신경 써야 해요.)

"사는 게 지긋지긋해요. 이놈의 병이 언제 나을지 이제는 체념이 되네요." 이 여자 환자는 올 때마다 자신의 병에 대해 불만을 터뜨린다.

"공황장애는 위험한 병이 아닙니다. 지난 1년 동안 약을 먹은 후 공황 증상이 한 번도 없었으니 경과도 좋은 편입니다."

"그래도 약을 먹는 게 얼마나 지긋지긋한지, 이놈의 병이 정말 싫어요. 사는 게 싫어요."

(남편과의 갈등으로 공황 증상이 발생한 것과 연관 지어 환자의 말을 듣는다. 그래서 '이놈의 남편과 사는 게 지긋지긋하고 체념이 되고 남편이 싫다'라는 말이라고 생각한다. 그러나 내가 먼저 그 말을 하지는 않는다. 환자의 입에서 그 말이 나올 때까지 기다린다.)

"교수님, 얼마나 오래 갈까요? 나을 수는 있을까요?" 휠체어에 앉은 남편과 함께 진료실에 들어온 부인이 나에게 묻는다. 남편은 뇌출혈로 왼쪽이 마비되어 있다.

(이미 신경외과와 재활 의학과에서 남편의 예후에 대해 들었을 것이다. 정신과 의사에게 이 말을 하는 이유는 '내가 너무 힘들다, 남편을 돌보는 나는 너무 힘들다, 언제까지 내가 이렇게 살아야 하나'라는 원망과 안타까움 때문일 것이다.)

"주위에 아는 사람이 교수님께 치료받은 후 약을 끊었다고 하길래 찾아왔습니다. 잘 부탁드립니다." 난치성 조현병을 앓고 있는 아들과 함께 온 아버지가 말한다.

(아들은 병원에 여러 번 입원했기에 아버지도 아들의 상태에 대해 잘 알 것이고 약을 끊는 것이 어렵다는 것도 알고 있을 것이다. 그러면 무엇 때문에 나를 찾아왔을까? 환자의 아버지가 말하는 '약을 끊는다'라는 것은 무슨 의미일까?)

요즘은 장자를 자주 읽는다. 나이가 들었다는 증거다. 장자는 나이가 들었을 때 읽어야 그 맛을 더 잘 음미할 수 있다. 피가 뜨거울 때는 장자의 글귀가 눈에 들어오지 않는다. 장자가 말한다.

"통발은 물고기를 잡기 위해 있으며 물고기를 잡고 나면 통발 따위는 잊혀지게 마련이다. 또 올가미는 토끼를 잡는 데 필요하며 토끼를 잡고 나면 올가미는 잊혀지고 만다. 마찬가지로 말은 생각을 전하기 위해 있으며 생각하는 바를 알고 나면 말 따위는 잊고 만다."

지금은 환자가 말하면 그 숨은 의미가 무엇인지 추측하지만, 그것 역시 시간이 지나가면 큰 의미가 없을지도 모른다. 환자가 말할 때 그냥 미소로 대답하는 게 더 나을지도 모른다. 말은 늘 흘러가니까.

내가 말을 걸면 항상 침묵으로 대답해 주는 대신공원의 나무들이, 오늘따라 고맙다.

말의 한계

왕가위 감독의 아름다운 영화 〈동사서독〉에서 양가휘(동사 역)가 장만옥(자애인 역)에게 묻는다.

"그와 혼인할 줄 알았는데 왜 하지 않았소?" 대화 속의 그는 장만옥이 사랑하는 연인 장국영(서독 역)이다.

그녀가 대답한다. "날 사랑한다고 말을 안 했어요."

양가휘가 지적한다. "굳이 할 필요가 없는 말도 있소."

장만옥이 반박한다. "난 그 말을 듣고 싶었는데 그는 말해 주지 않았어요. 그는 너무 자신만만했어요. 그래서 난 그의 형과 혼인했어요."

어떤 연인이 목숨을 걸고 사랑한다. 남자는 여자를, 여자는 남자를 갈구하고 서로 욕망한다. 여자는 남자가 자신을 사랑한다는 말을 해 주기를 기다린다. 당연히 그래야 하고 또 그럴 것이라고 확신한다. 그러나 남자는 연인 사이에 그런 말이 불필요하다고 생각한다. 자신의 사랑을 전하기에 말은 너무나 불완전하다고 생각한다. 대신 그녀를 바라보는 눈빛, 태도와 추억만으로도 자신의 사랑은 충분히 전달되었다고 믿는다. 그래서 사랑한다는 말을 입 밖으로 내지 않는다.

그러나 여자는 단호하다. 반드시 남자의 입에서 자신을 사랑한다는 말을 들으려고 한다. 남자가 끝끝내 그 말을 하지 않자 여자는 분노하여 사랑하지도 않는 그 남자의 형과 결혼해 버린다. 말을 원하는 여자와 굳이 말이 필요 없다는 남자가 충돌하여 사랑은 비극으로 끝난다. 누가 잘못한 것일까?

가까운 사이일수록 말이 꼬인다. 말이란 하면 할수록 표현되는 말과 전달하려는 의미가 일치되지 않는다. 개구즉착開口卽錯이다. 말할수록 착오가 생긴다.

말은 태생적으로 한계를 갖고 있다. 의미가 확정되지 못하고 미끄러지다가 결국 의미 전달에 실패한다.

언어학적으로도 말의 한계는 분명하다. 예를 들어, 〈아버지가방에 들어가……〉라는 말을 한다고 하자. 여기서 〈아버지가 방에 들어가……〉라는 말일 수도 있고 〈아버지 가방에 들어가……〉라는 말일 수도 있다. 말 속의 '가'가 조사의 '가'인지 아니면 가방이라는 단어를 구성하는 '가'인지에 따라 의미가 전혀 달라진다. 구두점이 찍힐 때 비로소 소급하여 의미가 결정된다.

일상적인 대화에서도 말은 의미 전달에 실패한다. 말의 해석에 자신의 욕망이 개입하기 때문이다. 한 배우자가 다른 배우자에게 "요즘 너무 피곤해"라고 말했을 때, 관계가 좋은 부부는 그 말을 신체적 의미로 받아들이지만 관계가 위태로운 부부는 감정적 의미로 받아들인다. 마찬가지로 "당신, 요즘 얼굴이 참 좋아 보이네요"라고 말했을 때, 사이가 좋은 부부에게서는 그 말이 그대로 전달되지만 사이가 나쁜 부부에게서는 비꼬는 말이 된다.

외래를 찾아온 한 동물 조련사는 원숭이와는 대화가 되는데 아내와는 대화가 안 된다고 말한다. 당연히 원숭이보다는 아내와의 대화가 어렵다. 원숭이와 대화할 때는 집중하고 들을 자세가 되어 있지만 아내와 대화할 때는 그런 자세가 결여되어 있기 때문이다.

말이라는 게 얼마나 불완전한가? 그 불완전한 말에 기대어 우리는 살아간다. 자기 나름대로 해석하면서 상처를 주고 상처를 받는다.

화장은 왜 하는가?

외래에 올 때마다 화장을 진하게 하고 오는 20대 여자 환자가
있다. 때때로 병원 로비 의자에 앉아 화장을 고치는 젊은 여자들
도 눈에 띈다. 다른 사람들이 있는데도 손거울을 꺼내 분칠하고
립스틱을 바르고 눈을 찡그렸다가 폈다가 하면서 얼굴을 이리
저리 본다. 그 여자들은 병원과 같은 공공장소에서 왜 화장을 할
까?

사람들은 자신의 미적 취향 때문에 화장을 한다고 생각한다.
화장해서 예뻐 보이는 자체가 자신에게 즐거움을 안겨 주기 때
문에 화장한다고 말한다. 그러나 정신분석적으로는 그렇지 않
다. 화장은 자기 자신을 위해서가 아니라 누군가에게 보여주기
위해서 하는 것이다. 자기의 미적 취향을 즐기는 것이 아니라 다
른 사람의 시선을 즐겁게 하기 위해 하는 것이다. 스스로 향락을
즐기는 것 같지만 실제는 다른 사람, 특히 자신에게 중요하다고
생각되는 다른 사람을 즐겁게 하기 위한 것이다. 그런 면에서 화
장은 일종의 노출증이다.

물론 거울 속에 비친 자기 얼굴의 아름다움에 도취되는 나르시시즘적 기쁨을 느낄 수도 있지만 그 기쁨도 결국은 누군가에게 자신을 보여 주는 것을 전제로 한다. 자신의 기쁨보다는 다른 사람들의 마음에 들도록 보여 주기 위해서다. 결국 화장은 자신보다는 다른 사람의 향락을 위해 종사하는 행동이다. 사람들로부터 〈너, 참 예쁘다〉라는 말을 듣기 위한 것이다.

　외래에 올 때마다 진한 화장을 하고 오는 20대 여자 환자에게 화장에 대한 이런 정신분석적 의미를 말해 준다면 그녀는 어떤 반응을 보일까? 아마 속으로 '누가 정신과 의사 아니랄까 봐 귀신 씨나락 까먹는 소리 하고 있네'라고 할 것 같다. 그래서 나도 속으로만 그런 생각을 한다.

교수님, 제 이야기 듣고 있나요?

"교수님, 제 이야기 듣고 있나요?"

이런 말을 환자에게서 자주 듣는다. 그때마다 내가 하는 대답이 있다.

"듣고는 있지만 귀담아듣지는 않습니다."

그러면 환자는 실망스러운 눈빛으로 "왜요?" 하고 묻는다. 환자가 그 이유를 물으면 나는 마치 기다렸다는 듯이 이렇게 말한다.

"일상적인 살아가는 이야기를 제가 들어야 할 필요가 없기 때문입니다. 그런 이야기를 다 신경 써서 들으려고 하면 정작 제가 들어야 할 이야기는 못 듣습니다. 그렇지만 치료에 중요하다고 생각되는 말은 절대로 놓치지 않으니 걱정하지 않아도 됩니다. 그러니 제 표정이 심드렁하면 '아! 내가 치료에 별 도움 안 되는 말을 하고 있구나!' 하고 생각하시면 됩니다."

이런 식으로 나는 환자와의 대화를 길들인다. 정신과 진료실은 미용실도 아니고 카페도 아니다. 자신의 문제를 직면시키는 불편하고 힘든 장소이다. 나는 그 점을 환자에게 가르치고 있는 것이다.

사람들은 정신과 의사라면 환자의 모든 말에 귀를 기울일 것으로 생각한다. 실제로 대부분의 정신과 의사가 그러하다. 정신과 의사가 되는 교육 과정에서 가장 중요시되는 것이 환자의 말을 잘 듣는 경청이기 때문이다.

그래서 정신과 전공의 선생들에게는 〈정신과 의사에게는 입보다 귀가 중요하다〉 〈입은 하나이지만 귀는 두 개다〉라고 강조한다. 대체로 정신과 의사는 환자가 하는 사소한 말에도 주의를 기울이고 질문에도 친절하게 응대해 준다.

환자들은 그런 의사를 좋은 의사라고 생각하고 일반 대중도 그런 의사를 좋게 본다. 그런 관점에서 본다면 나는 결코 좋은 의사가 아니다. 진료실에서 나는 친절하지도 않고 다정하지도 않다.

환자가 하는 말 중에 내 정신을 번쩍 차리게 만드는 몇 개의 단어들이 있다. 가장 대표적인 말이 〈나도 모르게〉이다.

"나도 모르게 욕을 해 버렸어요."

"나도 모르게 그래 버렸어요."

"나도 모르게 그 사람이 좋아졌어요."

환자가 이런 말을 하면 나는 긴장한다. 자신도 모르게 그렇게 한다는 말은 의식적인 자신이 아닌 무의식적인 자신이 그런 말이나 행동을 하거나 그런 감정을 느낀다는 것이다.

비슷한 말로 〈이유도 없이〉가 있다. 이것 역시 무의식이 시키는 것이기에 본인이 그 이유를 모르는 것이다. 마찬가지로 환자가 〈문득〉이나 〈갑자기〉라는 단어를 사용할 때도 나는 귀를 쫑긋한다. 본인은 모르지만 이런 단어들은 모두 환자의 심리로 들어가는 문 역할을 한다. 그렇지만 그런 말을 한 당사자는 그 말의 중요성을 전혀 모르기에 내가 그 말에 대해 집중적으로 파고들면 오히려 당황해한다.

나도 친절하거나 다정하거나 따뜻한 정신과 의사가 되기를 원하지만, 그보다는 환자에게 도움이 되는 유익한 정신과 의사가 더 되고 싶다. 그게 나의 꿈이다. 내 진료를 받고 나를 욕하면서 진료실을 나가다가도 문득 〈아하! 그게 그거구나!〉 하고 알아차리게 하는, 그런 의사가 되고 싶다. 기대치가 높아서 오늘도 나는 괴롭다.

가정 폭력에 대한 개인적 생각

매년 의과대학생들을 대상으로 〈가정 폭력〉에 대한 강의를 한다. 정확하게는 모의환자 강의다. 가정 폭력에 대해서는 할 말이 많다. 해바라기센터 소장으로 활동하면서 경험한 사례가 많기 때문이다. 사람은 누구나 어떤 사건을 많이 경험하면 그 사건의 본질이 무엇이고 해결책이 무엇인지를 알게 된다. 가정 폭력역시 마찬가지다.

〈한 여자가 선글라스를 끼고 진료실에 들어온다. 선글라스를 벗으니 두 눈가가 시퍼렇게 멍들어 있다. 몸의 다른 부위에도 맞은 듯한 상처가 있다. 어떻게 할 것인가?〉
의과대학생들을 대상으로 하는 〈가정 폭력〉 모의환자 시나리오에는 정답이 있다. 〈가정 폭력〉을 당한 모의환자와는 면담하고 도움을 줄 수 있지만 실제 상황에서는 도움을 줄 방법이 별로 없다.

남편으로부터 폭력을 당하고 있는 한 여자가 있다고 하자. 그 여자가 폭력을 당하면서도 남편 곁을 떠나지 못하는 이유는 크게 두 가지다. 하나는 혼자서 살 자신이 없는 것이고, 다른 하나는 남편 곁을 떠났을 때 자신의 안전을 보장받을 수 없다는 것이다.

스스로 밥벌이를 할 수 없다고 여길 때는 맞는 고통보다는 배고픔의 고통이 훨씬 견디기 힘들다. 맞는 거야 하루 한 번이나 혹은 그보다 드물게 찾아오지만 배고픔의 고통은 더 자주 매일 찾아온다.

그리고 때리는 남편으로부터 도망쳤을 때 대한민국에서 안전한 곳은 없다. 경찰? 우리나라에서 경찰은 사람이 죽어야만 개입하는 기관이다. 스스로 자신을 지켜야 하는데 그게 쉽지 않다.

제니퍼 로페즈 주연의 영화 〈이너프Enough, 2002〉처럼 남편으로부터 맞는 여자가 필살기를 배워 남편을 간단하게 죽이는 그런 기적은 현실에서는 일어나지 않는다. 오히려 죽임을 당하는 경우가 더 많다.

경찰에 연락해도 그건 집안일이라고 하고, 친구에게 말해도 남편으로부터 맞는다는 사실을 알게 되면 오히려 피하고, 해바라기센터나 연관 기관을 찾아가도 형식적인 도움밖에 못 받는다. 대한민국에서는 오직 스스로 자신을 지켜야 하는데 그게 생각보다 쉽지 않다.

남편으로부터 맞다 보면 길들여져 배고픔을 안고 도망 다니는 자유인보다는 차라리 맞고 사는 노예가 더 낫다고 생각하게 된다. 그게 현실이다.

때리는 인간은 성격장애 환자이기 때문에 변하는 것을 기대하기는 어렵고 나라가, 정부가, 사회단체가 도와주는 것도 아니다. 오직 믿을 곳이라고는 친정이나 형제밖에 없는데, 친정이나 형제들이 힘이 있으면 처음부터 맞는 아내가 되지도 않는다.

그래서 여자들에게는 어릴 때부터, 커서 한 남자를 사랑해도 결코 그 남자에게 기대어 삶을 살려고 해서는 안 된다는 것을, 사랑과는 별개로 언제나 독립적으로 자기 삶을 살아나갈 힘과 능력을 갖춰야 한다는 것을 가르쳐야 한다.

세상에서 가장 슬프고도 따뜻한 시선

남해 사는 70대 할머니가 조현병을 앓고 있는 50대 아들과 함께 양파 한 꾸러미와 고구마 한 꾸러미를 양손에 들고 외래에 오셨다. 그것을 들고 여기까지 오기 위해 버스를 몇 번이나 갈아타면서 온갖 수고와 고생을 한 것이다. 이 할머니는 이전에도 산에서 직접 채취한 도라지로 술을 담가 가지고 오신 적도 있었다. 그때 할머니는 그 술을 나에게 주면서 산삼을 캤으면 좋았겠는데 죄가 많아 도라지밖에 못 캤다고 하셨다. 나는 그 할머니의 정성에 감동하여 진료를 잠시 미루고 셋이 함께 녹차를 마셨다.

"이 늙은이는 교수님만 믿겠습니다. 언제 죽을지 모르지만 저에게는 이 애밖에 없습니다. 교수님이 잘 치료해 주시면 죽어서도 그 은혜 갚겠습니다." 할머니가 앉아서 90도로 절을 한다. 나도 90도 절을 했다.

"어무이요, 아들은 걱정 마이소. 제가 어떡하든지 해 볼 거니까 그냥 저에게 맡겨 주이소." 평소와 다르게 호언장담한 것은 아들을 염려하는 할머니의 진심이 와 닿아서일 거다.

할머니가 옆에 앉은 아들을 보며 한마디 한다.

"야야, 너도 교수님께 한 말씀 드려라. 고맙다고 인사드려라."
할머니 말에 아들이 벌떡 일어나 나에게 절을 한다. 나도 얼떨결
에 일어나 그의 절을 받았다.

"우리 애가 착하기는 정말로 착해요. 지금까지 내 속을 썩인
적은 단 한 번도 없었다오. 영감이야 죽는 그 날까지 내 속을 뒤
집어 놓았지만, 이 애는 착하기가 부처님 가운데 토막 같은 애
요." 할머니가 바로 옆에 앉아 있는 아들을 바라보며 말한다. 그
시선이 참으로 따뜻하다.

세상에서 가장 슬프고도 따뜻한 시선은 바로 아픈 자식을 바
라보는 부모의 시선이다. 불교에 자비慈悲라는 말이 있다. 사랑
자慈에 슬플 비悲. 여기서 자慈는 자식을 바라보는 어머니의 심
정이고, 비悲는 아픈 자식을 바라보는 어머니의 심정이라고 할
수 있다.

병든 아들을 바라보는 할머니의 눈빛이 꼭 그러했다. 슬프면
서도 따뜻하고 포근한 시선. 내가 상상하는 최고의 정신과 의사
는 아마도 그런 시선을 가지고 환자를 대할 것이다.

다른 사람의 칭찬에 춤추지 말라

　정신과 과장으로 근무할 때다. 병원 과장 회의에 참석했는데 병원장이 몇몇 과를 구체적으로 언급하면서 지난 한 해 동안 수고가 많았고 덕분에 병원도 더 성장할 수 있었다며 고맙다는 인사말을 했다. 그러자 구석에 있던 어떤 과의 과장이 손을 번쩍 들고 일어나 한마디 한다.

　"다른 여러 과가 그렇게 할 수 있었던 것은 전적으로 우리 과의 지원 덕분입니다. 그런데 다른 과는 칭찬하면서도 정작 고생을 제일 많이 한 우리 과에 대해서는 아무 언급이 없어서 무척 섭섭합니다."

　그 말을 듣자 병원장이 손사래를 치며 자기 말을 정정한다.

　"제가 어찌 그걸 모르겠습니까? 그동안 가장 고생하셨고 저도 늘 마음으로 고마워하고 있습니다. 우리 모두 그동안 수고하신 ○○과 과장님을 위해 박수 한 번 칩시다."

　그 말에 회의에 모였던 모든 사람은 박수를 쳤고 문제를 제기한 과장은 흡족한 얼굴로 자리에 앉았다.

『칭찬은 고래도 춤추게 만든다』라는 책은 많은 사람의 사랑을 받은 베스트 셀러다. 그러나 다른 사람의 칭찬에 의존하는 것에는 생각해야 할 점이 있다. 타인의 칭찬은 자신을 하찮은 존재로 만드는 위험성을 내포하고 있기 때문이다. 물론 적절한 칭찬은 필요하다. 그러나 칭찬의 핵심은 어른이 아이에게 하는 것이며 아이의 행동을 교정하기 위한 것이다.

아이가 어른을 칭찬하는 경우가 있던가? 아들이 아버지에게 "아버지, 어제는 술 안 마시고 일찍 귀가하셨네요. 참 잘했습니다"라고 한다면 그 말을 듣는 아버지의 기분은 어떠할까?

하급자가 상급자를 칭찬하는 경우가 있던가? "사장님, 지난해에는 경영을 잘하셔서 우리 월급도 올려주시고 참 잘했습니다. 내년에도 그렇게 해 주세요"라고 직원이 사장에게 말하면 듣는 사장의 기분은 어떠할까?

칭찬은 사람을 길들이기 위한 수단이 될 수 있다. 칭찬은 고래도 춤추게 만들지 모르지만, 칭찬에 익숙한 고래는 길들여진 고래, 돌대가리 고래에 불과하다. 칭찬은 결국 자신에게 족쇄와 재갈을 물리는 것이다. 남으로부터 칭찬받기를 갈망하기보다는 내면의 지도와 나침반을 보면서 묵묵히 자신의 길을 걸어가는 것이 중요하다.

나는 실패하는 정신과 의사가 되고 싶다

며칠 전에 한 여자 환자가 나에게 이렇게 말했다.

"교수님, 정년 후 개원하면 교수님과 오래 면담을 할 수 있겠지요? 그때는 환자를 많이 보고 적게 보고는 교수님 마음에 달린 거니까요. 저는 빨리 그날이 왔으면 좋겠어요."

외래를 마친 후에도 그 환자의 말이 계속 마음에 걸렸다. 마음에 걸린다는 것은 내 마음속 불편한 무언가가 건드려진다는 의미다. 무엇일까?

나의 의식이 말하는 정신과 개원관은 이러하다.

'개원하면 나는 한 환자마다 많은 시간을 내어 요리조리 물어보고 요것조것 확인하면서 그 환자에게 어떤 치료가 가장 도움이 될 것인지 지금보다 더 많이 고민할 것이다. 그렇게 하면 진료할 수 있는 환자 수가 제한되니 개원은 당연히 실패할 것이다. 그리하여 나는 실패하는 정신과 의사가 될 것이다. 그렇지만 그게 큰 의사가 되는 길이기에 나는 그 길을 가야 한다.'

여기서 문제가 되는 것이 바로 〈가야 한다〉라는 말이다. 〈가고 싶다〉라는 말에는 욕망이 들어 있지만 〈가야 한다〉라는 말에는 의무가 들어 있다. 진정으로 내가 원하는 바가 아니라는 말이다.

그렇다면 나는 어떤 개원의를 원하는가? 어떤 개원의가 되기를 욕망하는가? 그런 물음을 던지자 대답은 쉽게 나왔다. 진료는 되도록 적게 하고 나머지 시간에는 글 쓰는 사람이 되고 싶다는 것이다. 정신과 의사로는 실패해도 글 쓰는 일에는 최선을 다하고 싶다는 것이다. 결국 진료보다는 글 쓰는 일을 더 소망한다는 것, 그게 나의 욕망이다.

내가 환자를 만족시키면
환자도 나를 만족시킨다

환자를 만족시키려면 세 가지가 필요하다. 내가 오랜 의사 생활로 체득한 바에 의하면 첫째는 병에 대한 지식이다. 많이 알고 있어야 좋은 치료를 할 수 있다. 전문 지식에 대한 공부를 많이 해야 한다. 둘째는 병과 치료에 대한 설명이다. 환자의 이해 정도와 욕구 수준에 맞추어 병과 치료에 대해 잘 설명할 수 있어야 한다. 설명은 환자가 궁금해하는 부분을 중심으로 알아듣기 쉽게 해야 한다. 셋째가 열정이다. 환자가 앓고 있는 병을 치료하겠다는 의사의 열정이 환자에게 전해져야 한다. 강렬하면 강렬할수록 환자는 감동을 받게 된다. 이것은 삶을 대하는 의사의 철학과 맞물려 있다.

내가 환자를 만족시키면 환자도 나를 만족시킨다. 환자가 의사를 만족시킨다는 것은 어떤 의미인가? 치료에 협조하고 의사의 말을 귀담아듣고 의사의 조언을 실천한다는 것이다. 한 걸음 더 나아가 병을 앓기 전과는 다른, 더 나은 새로운 삶을 살아가는 것이다. 세상에 이보다 더 큰 보람은 없다.

환자를 회복시키는 것은
치료자의 욕망이다

환자를 치료하는 데 있어 가장 중요한 것은 어떻게 하든 환자를 회복시키고 말겠다는 치료자의 욕망이다. 나이가 들어서야 나는 이 단순한 사실을 알게 되었다. 이전에는 환자의 동기를 가장 중요시했다. 병에 걸린 것은 환자이고 회복에 대한 열망도 환자 본인이 가장 강할 것으로 생각했다. 그래서 가능한 한 환자의 의견을 존중해서 치료해 나갔다.

그런데 정신분석을 공부한 후로 생각이 달라졌다. 〈환자는 증상을 자기 몸만큼 사랑한다〉는 프로이트의 말이 맞다는 것을 깨달았기 때문이다. 프로이트가 말하는 환자는 신경증 환자이지만 정신증 환자도 마찬가지라는 생각이 든다.

환자가 자신의 증상을 사랑하기 때문에 치료에 저항한다는 것이 궤변처럼 들릴지 모르지만, 실제로 신경증이든 정신증이든 환자는 증상으로 인해 이득을 누리는 부분이 상당히 있다.

신경증 환자는 자신의 마음이 이렇게 고통스럽다는 것을 신체 증상으로 보여 주고, 정신증 환자는 현실의 고통을 감당하기 어려워 환각과 망상의 세계로 빠져든다. 그래서 증상은 현실적이든 상상적이든 그 고통으로부터 환자를 지켜 주는 방어막 역할을 한다.

환자는 증상으로 자신을 지키려는 욕망이 있다. 그런 환자의 욕망을 깨는 것은 오로지 치료자의 욕망뿐이다. 욕망은 욕망으로 다스려야 한다.

정신과 진단명에 대하여

전공의 K선생에게 새로 나온 정신의학 진단 분류인 DSM-5에 제시된 정신과 진단명이 몇 개인지 알아보라고 했더니, 실제 임상에서 사용하는 진단명으로 하면 270여 개라고 한다. 철학에서 천 개의 눈과 천 개의 길이 있다고 하면 나는 그것을 받아들이겠지만, 정신과에서 치료해야 하는 정신질환의 수가 무려 270여 개나 된다고 하면 나는 그것을 인정하기가 힘들다. 많아도 너무 많은 것이다.

그렇게 된 데는 어쩌면 다국적 제약 회사의 입김이 작용했는지도 모른다. 제약 회사로서는 정신과 진단명이 많으면 많을수록 사람들을 더 많이 정신과 환자로 만들 수 있고 그럴수록 약을 팔아 엄청난 이득을 올릴 수 있기 때문이다. 정신의학에서는 진단명을 그렇게 많이 만드는데 기여한 사람들을 권위자로 대접한다.

정신과 진단명이 270여 개나 되면 그 어떤 건강한 사람도 일단 정신과에 오면 환자가 된다. 촘촘하게 짜인 정신과의 진단 그물을 벗어나기는 아주 어렵다. 전공의 선생들이 학술 대회에 참석하면 거의 항상 신약을 쓰는 법을 배워온다. 많은 학술 대회가 제약 회사의 후원으로 진행되고 많은 저널이 제약 회사의 도움으로 발행되기에 자연스럽게 복합 처방과 과잉 처방에 익숙해진다.

환자가 우선이고 진단명은 필요에 의해 만들어진 것일 뿐인데도 이제는 정신과 진단명에 환자를 맞추는 꼴이 되고 말았다. 어떻게 정신에 대한 진단명이 그렇게 많을 수 있는가? 그 많은 진단명 중에 지금 당장이라도 내게 붙일 수 있는 진단은 몇 개나 될까?

정신과 진단명을 270여 개가 아닌 수천 개로 해 보았자 그건 그물로 하늘을 덮으려는 어리석은 짓일 뿐이다.

〈적응장애〉라는 진단명에 대한 유감

"입원할 때 호소하던 불안이나 불면, 우울한 증상은 어떻습니까?" 회진을 돌면서 입원해 있는 20대 초반 젊은이에게 물었다.

"지금은 괜찮습니다." 그가 대답했다.

"병동에서 지내면서 불편한 점은 없습니까?"

"전혀 없습니다."

"특별히 저에게 하고 싶은 말이 있습니까?"

"저는 군대로 돌아가고 싶지 않습니다. 군대에 가면 다시 불안하고 우울해질 것 같습니다."

"알겠습니다."

내가 말하자 그는 고맙다는 듯이 침대에 앉은 채로 크게 고개를 숙여 인사한다. 나는 그가 무슨 말을 했는지 알아들었다는 의미로 말했고, 그는 자신이 군대 면제나 공익 요원으로 전환될 수 있도록 내가 돕겠다는 의미로 들었다.

내가 정신과 수련받을 당시와 비교해 요즘은 군대에 입대했다가 불안이나 우울이나 불면 증상을 보여 병원에 오는 20대 젊은이들의 숫자가 현저히 많다. 군대에서 특별한 사건이 있었던 것은 아니고 군대에 입대한 그 자체가 커다란 스트레스가 되어 견디지 못하는 것이다.

병사용 진단서를 발급하려면 입원시켜 집중적인 면담과 관찰이 필요하기에 그들은 보통 1주 정도 입원한다. 정신과 병동에 입원하면 대부분은 군대에서 보였던 증상이 씻은 듯이 사라진다. 침대에 누워 마음껏 퇴행된 생활을 할 수 있어서 그들은 병동 생활에 만족해한다. 결국 환경이 병의 원인이다. 군대라는 특수한 환경에 적응하지 못해 증상을 보이는 것이다. 그래서 진단명은 〈적응장애〉다.

정신과 의사가 〈적응장애〉라는 진단명으로 병사용 진단서를 발급하면 이전에는 대부분 군대에 복귀하거나 아주 드물게는 방위나 공익 요원으로 전환되었다. 그러나 현재는 거의 대부분 공익 요원으로 전환되고 드물게는 군 면제까지도 된다. 군대에서는 문제가 생기는 것을 원치 않기 때문에 상관은 가능한 한 환자를 군대에서 내보내려고 하는 것 같다.

정신과에서 〈적응장애〉라는 진단명은 아주 흔하지만 달리 생각하면 무서운 진단명이다. 정신과를 찾아온 모든 사람에게 붙일 수 있는 진단명이기 때문이다. 정해진 사회 규범에 맞게 행동하지 못하면 모두 〈적응장애〉 환자로 진단 내릴 수 있다.

예를 들면, 식인종 사회에서 식인을 못 하는 인간은 〈적응장애〉 환자일 것이다. 그런 점에서 한국에서의 생활을 힘들어하는 탈북자나 외국인들은 모두 잠재적 〈적응장애〉 환자라고 할 수 있다. 사회에 적응하지 못하면 적응장애의 진단 기준을 충족시키기 때문에 회사나 학교에 적응하지 못해도 〈적응장애〉 환자가 된다. 어떤 사회 규범이나 주류 생각에 동의하지 못하면 모두 〈적응장애〉 환자가 될 수 있다.

〈적응〉이라는 말, 그것은 생존에는 도움이 될지 몰라도 성장에는 독이 된다. 성장하기 위해서는 기존의 질서에 부딪쳐야 하고 다른 사람들과는 다른 시각으로 세상이나 사회를 보아야 한다. 군중들과 똑같이 생각하고 똑같이 행동하는 것은 살아가는 데는 편할지 몰라도 성장에는 거의 도움이 되지 못한다.

성장하기 위해서는 시련을 겪어야 하고 그 과정에서 당연히 불안과 우울을 느껴야 한다. 그게 살아있다는 증거이고 그것을 통해 더 큰 인간이 된다.

많은 경우, 불안과 우울과 불면은 인간이 성장하는 데 필수적으로 따라온다. 그것을 피하려고만 하면 결국은 나약한 인간이 되어 삶이라는 광활한 바다를 향해 항해를 떠나지 못하고 항구에만 머물러 있게 된다.

생각해 보라! 이 세상을 살아가는 동안 시련 아닌 것이 어디 있는가? 공부하는 것도 시련이고, 이성을 사귀는 것도 시련이고, 결혼하는 것도 시련이고, 직장에 다니는 것도 시련이고, 부모가 되는 것도 시련이다. 그런 시련을 피하지 않고 부딪쳐야 어른이 되는 것이다.

그러나 나는 정신과 병동에 〈적응장애〉로 입원한 20대 젊은 이들에게 내 생각을 말하지는 않는다. 허약한 사람에게는 채찍이 아니라 지지대가 필요하다. 그렇지만 내 마음은 슬프다.

자해와 자살 시도에 대하여

자해 행동과 자살 시도로 입원한 환자들이 많다. 10대 청소년들은 자해 행동으로, 그보다 나이 많은 사람들은 자살 시도로 정신과를 찾아온다. 이들에 대한 정신과 진단명은 예외 없이 모두 〈우울증〉이다. 우울하기 때문에 자해하고, 우울하기 때문에 자살 시도를 한다는 것이다.

그렇다면 왜 우울한가? 이해받지 못한다고 생각하기 때문이다. 내 마음을 알아주지 않는다고 생각하기 때문이다. 나를 이해해 주기를 바라는 사람, 내 마음을 어루만져 주기를 바라는 사람이 나를 이해해 주지 않는다고 생각하는 것이다. 그래서 그 사람에 대한 분노가 자기 자신에게 향하는 것이다. 그런 논리에서 보면 나와 가까운 사람이 자해 행동이나 자살 시도를 하면 〈아! 내가 그의 마음을 몰라주었구나!〉하는 생각부터 먼저 해야 한다.

진정으로 나를 알아주는 단 한 사람이 있다고 생각하는 사람은 자해나 자살을 시도하지 않는다. 단 한 사람이면 충분하다. 특히 청소년들의 경우는 더욱 그러하다. 우리는 모두 그들의 그 단 한 사람이 될 수 있다.

드러내는 아이와 숨기는 아이

어린아이에게 부모는 절대적인 존재다. 부모가 없으면 생존 자체가 불가능하다. 10대에게 부모는 생존까지는 아니더라도 아이의 심리적 성장에는 커다란 영향을 미친다. 그런 부모가 서로 심각한 갈등상태에 놓이게 되면 10대 청소년들은 두 가지 양상 중 하나를 보인다. 드러내거나 숨긴다.

드러내는 아이는 반항하고 자해하고 자살 시도를 한다. 자신이 문제 행동을 보임으로써 부모 관계를 조종하려 한다. 문제 행동을 통해 부모에게 관심과 사랑을 갈구한다. 문제 행동이 겉으로 나타나기 때문에 부모는 그것을 심각하게 받아들인다. 이혼 위기에 놓인 부모를 둔 한 10대는 이렇게 말한다.

"제가 약을 먹고 자살 시도를 했을 때, 그리고 응급실에서 눈을 떴을 때 엄마 아빠 모두 걱정스러운 눈으로 저를 내려다보고 있었어요. 저는 그 순간이 너무 좋았어요."

반면 숨기는 아이는 부모와 거리를 두고 자기애로 중무장한다. 부모에게 향하던 리비도를 모두 자신에게로 되돌려 자기애를 강화한다. 내가 살 길은 스스로 독립하는 것뿐이라며 틈날 때마다 자신에게 다짐한다. 공부를 열심히 하고 생활도 잘한다. 겉으로 보면 아무런 문제 행동도 보이지 않는다. 부모는 숨기는 아이에 대해서는 전혀 걱정하지 않고 자기들끼리 전투를 계속한다. 때로는 아이에게 자기 편이 되어 달라고 요구한다. 그럴수록 숨기는 아이는 더욱더 부모와 멀어져 자기 속으로 숨는다.

드러내는 아이와 숨기는 아이 모두 공통점이 있다. 사람을 믿지 않는 것이다. 인간에 대한 불신이 깊기 때문에 양쪽 모두 사회생활과 결혼 생활에서 여러 가지 문제를 보인다. 사람에 대한 기본적인 신뢰감이 형성되지 않아서 늘 타인을 의심한다. 타인의 선의를 그대로 받아들이지 못한다. 생존 본능이 몸에 배어 있어 이타적인 사랑을 하지 못한다. 이것이 사소한 문제처럼 보여도 결혼 생활에서는 심각한 결과를 초래한다.

부모는 자식들이 얼마나 예민한 존재인지 모른다. 자식들은 안 보는 것 같고 안 듣는 것 같아도 부모가 하는 일거수일투족을 모두 보고 듣는다. 부모 사이가 나쁜 집안에서 성장한 아이가 나중에 사회적으로 성공할 수도 있다. 그러나 행복을 느끼기는 쉽지 않다. 세속적인 성공을 했다고 하여도 그 성공은 자기 자신을 지키기 위한 갑옷이나 자기애를 충족시켜 주는 도구이기 때문이다.

정신질환에 대한 낙인

"미친 게 뭔지 알아? 내가 보여 주지."

"이건 어때, 병신 새끼들, 미친놈들."

"난 미친놈이야, 건드리지 마."

"난 정신병자야. 사람을 죽여도 감옥에 안 가."

"속보입니다. 정신병에 걸린 살인자가 철통같은 감시를 뚫고 주립 교도소에서 탈출했습니다."

"내 여동생인데 약간 돌았어요. 애는 원숭이를 임금님이라고 하는 애예요."

"장미는 빨갛고, 바이올렛은 파랗고, 난 정신분열병 환자고, 실제 그래."

홍행에 성공한 여러 영화 속의 대사들을 몇 개 적어 보았다. 듣기에 무척 불편한 내용들이다. 일상생활에서도 우리는 상대방의 말이나 행동이 이해되지 않으면 조금의 주저도 없이 '미친놈'이라고 내뱉는다. 이처럼 정신질환에 대한 낙인은 우리 사회에 아주 깊고 광범위하게 퍼져 있다.

낙인이라고 하면 노예들의 팔에 천한 신분이라는 것을 표시하기 위해 도장을 찍었던 고대 그리스인들을 생각나게 한다. 과학적으로 볼 때 정신질환이 뇌의 병이라는 사실이 밝혀진 오늘날에도, 정신질환을 앓고 있는 사람들은 단지 그 병을 앓고 있다는 이유만으로 수치심을 느끼고 차별당하고 있다. 한번 낙인찍히면 이상하고 위험한 사람으로 분류되어 손가락질 당하고 사회활동에 참여하는데 많은 제약을 받게 된다. 낙인으로 인한 직접적인 충격은 거부와 따돌림이다.

정신질환에 대한 낙인은 왜 생길까? 가장 큰 이유는 정신질환의 원인인 뇌에 대해 잘 모르기 때문이다. 뇌에 문제가 생기면 평소와는 다른 이상한 행동을 하게 되고 그런 행동이 우리를 불편하고 불안하게 만든다. 우리는 심장이 어떻게 움직이고 또 어떻게 병이 나는지는 알고 있지만 아직까지 뇌의 작용 기전에 대해서는 모르는 것이 훨씬 더 많다. 우리는 우리가 잘 모르는 것에 대해서는 두려움을 갖게 된다.

또 다른 이유는 영화나 언론 매체에서 볼 수 있는 정신과 환자에 대한 왜곡된 묘사 때문이다. 사람들은 〈미친다〉는 것에 대해 두려움과 호기심을 동시에 갖고 있으며 영화나 언론은 일반인의 관심을 끌기 위하여 그것을 이용한다.

미국 펜실베이니아 대학이 10년 동안 TV에서 악한이 등장하는 장면을 19,000건 이상 조사한 연구에 의하면 정신질환이 있는 사람은 일반인보다 악인으로 묘사될 가능성이 4배나 더 높다고 한다.

영화의 경우는 더욱 심각한데 대부분의 영화에서 정신과 환자들은 우스꽝스러운 바보나 위험한 살인자, 또는 말이 통하지 않는 무지막지한 사람으로 등장한다. 혹은 주인공이 위험한 상황을 벗어나려고 일부러 정신과 환자의 흉내를 내기도 한다. 아이들은 어릴 때부터 TV나 만화 영화를 통해 정신과 환자는 악한 사람이라는 암시를 받게 되고 그것이 고정 관념으로 굳어지게 된다.

정신질환에 붙어 다니는 낙인은 과학이 더 발달하면 없어질 것이다. 암의 경우를 보면 잘 알 수 있다. 미국의 경우 1961년에는 의사의 10%만이 환자에게 암이라는 사실을 말해 주었지만 1979년에는 98%가 알려준다고 한다. 치료 방법이 개발되었기 때문에 암이라는 진단명이 그렇게 두렵지 않기 때문이다.

에이즈에 붙어 다니는 낙인조차도 이제는 많이 줄어들었는데 그것 역시 에이즈에 대한 교육과 과학의 발달에 힘입은 것이다.

그러나 정신과 질환은 심지어 신경증조차도 고정 관념 때문에 다른 사람에게 말하기를 주저한다. 정신의학이 발전하여 정신질환에 대해 많은 것이 밝혀지고 병에 대한 이해가 깊어지면 낙인도 줄어들 것이다.

"사람들은 다른 사람이 고통받는 게 재미있는가 봐요. 우리 아이에게 '진짜 돌았네' 하고 놀리더군요. 만약 우리 아이가 신체 질환을 앓고 있어도 그렇게 놀릴까요?" 조현병을 앓고 있는 한 환자 어머니의 말이 귓가를 맴돈다.

내가 생각하는 학교

20대 후반 여자가 내 앞에서 눈물을 흘리고 있다. 무섭다고, 앞으로 어떻게 해야 하느냐고 더듬거리며 말한다. 그녀가 나를 찾아온 이유를 들어 본다. 초등학교 교사로 담임을 맡고 있다. 발령받은 지 2년 되었다.

얼마 전에 남학생 두 명이 수업이 시작된 후에도 계속 큰 소리로 이야기하면서 떠들었다. 주의를 주었지만 통제가 되지 않아 그 두 학생을 꾸짖었다. 꾸짖는 과정에서 한 학생이 반성하기는커녕 자신을 노려보아 화가 나서 그 학생의 머리에 꿀밤을 한 대 줬다. 그리고 두 학생 모두 한 시간 동안 교실 뒤편에 서 있게 하는 벌을 주었다. 이게 그날 일어난 사건의 모두다.

그런데 그중 한 학생의 부모가 학교에 찾아와 담임선생의 체벌이 지나치다며, 자기 아들이 친구들 앞에서 창피를 당했다며 항의하면서 문제가 커지기 시작했다. 그 학생의 어머니는 자기 아이에게 정식으로 사과할 것을 교사에게 요구했고, 교사는 잘못한 것이 없다고 생각해서 당연히 거절했다. 그러자 그 학생의 부모는 경찰에 교사를 폭행죄로 고발해 버렸다. 어처구니없는 일이 일어난 것이다.

처음에는 교사도 너무 어이가 없어 무시했다. 경찰에서 연락이 오고, 학생의 부모가 교장을 찾아가 항의하고, 교육청에 민원을 넣으면서 문제가 복잡해지기 시작했다. 경찰관이나 교장이나 교육청 담당자 모두 교사 앞에서는 아무 문제가 없다고 말했지만, 적극적으로 그녀를 대신하여 싸워주지는 않았다. 경찰서에 가는 것도, 교장이나 교육청 담당자에게 사건의 경위서를 내는 것도 결국은 그녀가 해야 할 몫이었다. 자존심이 상했고 분노가 치밀어 올랐다. 결국에는 법적 문제없이 넘어갔지만, 그녀는 더 이상 교단에 서고 싶지 않았다. 내가 그 이유를 물으니 그녀는 두려워서라고 했다.

그녀는 밤마다 자신이 무엇을 잘못했는지 곰곰이 생각하느라 잠을 자지 못했다. 때로는 꿈속에서 그 학생과 부모가 함께 나타나 자신을 괴롭히는 악몽도 꾸었다. 그녀는 휴직계를 내기로 결심했고 그에 필요한 진단서를 받기 위해 나를 찾아왔다.

그 교사가 진료실을 나가고 나는 잠시 휴식을 취하고 싶다며 간호사에게 말했다. 커피 한잔을 마시면서 학교와 교육에 대해 생각했다.

학교란 무엇인가? 교육이란 무엇인가? 학교에서 가르쳐야 할 것은 삶에 대한 책임과 의무, 절제와 인내, 정직과 봉사, 노인에 대한 존경, 전통에 대한 자부심, 애국심, 미래에 대한 도전 정신 등일 것이다. 지식보다는 가치를 가르쳐야 한다. 이런 가치가 구성원들의 정신에 배어 있지 않으면 그 사회는 병들어 있다. 지향하는 가치가 없이 지식만 배워본들 무슨 소용이 있겠는가?

　자식이 잘못하면 부모는 꾸짖어야 한다. 학교에서도 마찬가지다. 그러나 요즘은 인권 운운하면서 학생이 선생을 고소하는 사회가 되어버렸다. 도대체 그런 패륜적인 것을 인권이라고 생각하는 자들은 어떤 자들인가? 방임과 자유를 구별하지 않는 사회가 되어 버렸다.

　교육이 무너지면, 학교가 무너지면, 교권이 무너지면 그 사회는 도태될 수밖에 없다. 학교는 건강한 사회 구성원으로서 가져야 할 기본 태도와 덕목을 배우는 곳이어야 한다. 이 지경까지 오게 된 시발점은 도대체 어디일까? 어디서부터 잘못되기 시작한 것일까?

현대판 레옹이 거리를 활보한다

요즘 세상은 생각과 감정을 분리하지 않으면 살아가기 어렵다. 느끼는 대로 감정을 드러내면 미숙한 인간이 되고, 화가 나서 욕을 하거나 슬퍼서 눈물을 흘리면 감정조절을 못하는 사람으로 낙인찍힌다. 싫어하는 마음이 들어도 내색하지 않아야 하고, 미워하는 마음이 들어도 표정 관리를 해야 한다. 그래야 교양인이고 자기 절제를 잘하는 사람으로 인정받는다. 이 사회에서 진정한 교양인은 자신의 감정을 드러내지 않는 사람이다.

"화가 나도 화를 낼 만한 사람도 공간도 없습니다. 너무 답답해서 숨이 막힐 지경입니다." 영업직에 종사하는 한 남자가 나에게 하소연한다.

"눈물을 흘리면서 실컷 울고 싶은데 그것을 받아줄 만한 사람도 없고 그럴만한 장소도 없습니다." 집에서 살림을 사는 한 여자가 나에게 말한다.

이 사회에서 자신의 감정을 드러내는 일은 미숙한 행동으로 치부되기에 점차 사람들의 얼굴에서는 희로애락을 나타내는 표정이 없어진다.

갑자기 영화 〈레옹〉이 생각난다. 한 손엔 우유를 들고 다른 한 손에는 화분을 들고 뿌리 없이 떠돌아다니는 킬러 레옹. 그의 얼굴에는 언제나 표정이 없다. 사람을 죽일 때 어떤 감정이 들지 않도록 사람을 죽인다는 생각과 그때의 감정을 분리하는 것이 몸에 배어 있다. 생각과 감정을 분리해야만 살아갈 수 있기 때문이다. 킬러 레옹은 말 못하는 화분과 어린 소녀 마틸다에게만 자신의 얼굴 표정을 보여 준다.

주위를 보면 수많은 현대판 레옹이 거리를 활보한다. 감정은 박제되고 생각만 떠돌아다닌다. 모두 죽은 얼굴이다. 오늘따라 레옹의 삶이 더 생각나는 하루다.

어리석은 논문

    오래전에 조현병 환자의 가족, 치매 환자의 가족, 파킨슨병 환자의 가족들이 느끼는 고통과 부담을 비교한 논문을 쓴 적이 있다. 조현병 환자의 가족도 치매나 파킨슨병 환자 가족 못지않게 고통이 심하다는 것을 입증하고 싶었다. 그때 나는 여러 가지 척도와 면담을 통해 가족의 고통을 평가하였다. 척도들은 대부분 5점 척도로 점수가 높을수록 가족이 느끼는 고통의 정도가 심한 것으로 평가했다.

    그러나 그때는 몰랐다. 가족이 느끼는 고통을 정량화해서 통계 처리한다는 것이 얼마나 어리석은 짓이라는 것을, 그때는 정말로 몰랐다.

    세월이 흘러 외래에서 치매 환자의 가족과 파킨슨병 환자의 가족을 자주 보게 된다. 대부분 환자를 오래 간병하다 보니 지치고 탈진해서 정신과를 찾는다. 그런데 그들의 얼굴을 직접 보면서 척도가 아닌 말로 대화를 나누자, 고통을 숫자로 정량화하는 것이 얼마나 무의미한지를 알게 되었다. 고통의 정도가 2점이든

5점이든 고통은 고통인 것이다. 똑같이 괴로운 것이다.

조현병 환자의 가족이나 치매 환자의 가족이나 파킨슨병 환자의 가족이나 모두 고통스러워하는데 그것을 양적으로 비교한다는 것 자체가 어리석었다. 내가 데이터를 구하기 위해 그들에게 척도를 설명하면서 고통의 정도가 심할수록 높은 점수를 매겨야 한다고 했을 때, 그들 마음은 어떠했을까? 정말로 생각이 짧았다. 고통의 정도를 숫자로 나타낼 수 있다고 생각했던 그때의 나는 참으로 단순했다.

정신분석과 정신의학은 별개의 학문이다

　전공의 K선생이 환자 사례를 발표한다. 20대 남자 환자로 피해망상과 과대망상과 환청을 보이고 있다. 진단명은 조현병이고 치료는 약물치료에 의존한다. 치료 효과도 좋다. 그렇지만 정신의학은 이것이 모두다.

　정신의학은 의식을 다루고 정신분석은 무의식을 다룬다. 정신의학은 눈에 보이는 증상을 중시하지만, 정신분석은 무의식적 욕망을 중요시한다. 정신의학은 사실을 중시하지만, 정신분석은 진실을 중시한다. 정신의학은 치료가 목표이지만, 정신분석은 깨달음이 목표이다. 정신의학은 과학의 한 영역에 포함되려고 몸부림치지만, 정신분석은 인간 마음을 아는 데 모든 것을 건다. 그리하여 정신의학은 과학으로, 정신분석은 인문학으로 각자 자기가 나아가야 할 방향으로 걸어간다.

　K선생의 사례를 들으며 문득 프로이트가 분석한『슈레버 환자』사례가 떠오른다. 정신의학적 관점에서 보면 '슈레버'라는 환

자는 정신병에 걸린 무수히 많은 환자 중의 한 명에 불과하고, 그가 보이는 다양한 망상은 모두 뇌 신경전달물질의 이상으로 생긴다고 본다. 그러나 정신분석적 관점으로 보면 그가 보이는 여러 가지 망상은 각각 다른 심리 기전을 통해 형성된다.

독일 고등법원장인 '슈레버'는 정신병에 걸리자 투병 일지를 책으로 출판했고, 프로이트는 그 책을 읽고 파라노이아(현재의 조현병)의 기전을 밝혀낸다. 망상의 근원을 추적해 들어가는 프로이트의 혜안과 상상력은 놀라움 그 자체다. '슈레버'는 피해망상, 색정망상, 질투망상, 과대망상 등을 보였는데 프로이트는 그 모든 망상의 근원에 아버지에 대한 동성애적 욕망이 있다고 해석한다. 그리하여 프로이트는 그가 왜 여러 가지 망상을 보이는지 설명한다.

모든 망상의 핵심 근원:
〈나(슈레버)는 그(슈레버의 아버지)를 사랑한다.〉

1. 피해망상persecutory delusion이 생긴 기전:
   동사의 부정과 투사에 의해 발생한다.
1) 〈나는 그를 사랑한다〉에서 '사랑한다'라는 동사가
   부정된다. 그래서 〈나는 그를 사랑하지 않는다〉가 된다.
   즉 〈나는 그를 미워한다〉가 된다.
2) 〈나는 그를 미워한다〉가 투사되어 〈그가 나를 미워한다〉가
   된다. 피해망상이 생긴 것이다.

2. 색정망상erotomanic delusion이 생긴 기전:
   목적어의 부정과 투사에 의해 발생한다.
1) 〈나는 그를 사랑한다〉에서 '그'라는 목적어가 부정된다.
   그래서 〈나는 그녀를 사랑한다〉가 된다.
2) 〈나는 그녀를 사랑한다〉가 투사되어 〈그녀가 나를
   사랑한다〉가 된다. 색정망상이 생긴 것이다.

3. 질투망상jealous delusion/infidelity delusion 생긴 기전:
   주어의 부정에 의해 발생한다.
   〈나는 그를 사랑한다〉에서 '나'라는 주어가 부정되어
   '나'와 가장 가까운 사람인 '나의 아내'로 대체된다.
   그래서 〈나는 그를 사랑한다〉가 〈그녀(나의 아내)가 그를
   사랑한다〉가 된다. 질투망상이 생긴 것이다.

4. 과대망상grandeous delusion이 생긴 기전:
   목적어와 동사가 동시에 부정되고 투사된다.
1) 〈나는 그를 사랑한다〉에서 '그'라는 목적어와 '사랑한다'는
   동사가 동시에 부정된다. 그래서 〈나는 아무도 사랑하지
   않는다〉가 된다.
2) 〈나는 아무도 사랑하지 않는다〉가 투사되어 〈아무도
   나를 사랑하지 않는다〉가 된다. 즉 〈나는 나 자신만을
   사랑한다〉가 된다. 과대망상이 생긴 것이다.

정신분석의 핵심은 일체유심조다

〈일체유심조一切唯心造〉. 화엄경의 핵심 사상이다. '모든 것은 오로지 마음이 지어내는 것', 혹은 '모든 것은 환상이다'라는 말이다.

정신분석도 마찬가지다. 내가 인지하고 생각하고 결정 내리는 것 모두가 오인이고 환상이라고 본다. 그래서 프로이트의 정신분석을 〈환상의 정신분석〉이라고도 한다.

라캉은 이것을 〈상상계〉라고 부른다. 인간이 언어라는 상징을 사용하는 순간, 그 언어의 한계 때문에 인간은 태생적으로 환상의 세계에 머무를 수밖에 없다는 것이다.

일체유심조의 사상은 모든 것이 내 마음에서 나온다고 말한다. 정신분석 역시 마찬가지다. 정신분석에서도 모든 것이 내 마음에서 나와 외부의 사물이나 사람에게 갔다가 거꾸로 된 형태로 되돌려 받는다고 생각한다.

예를 들면, 내가 어떤 사람에게 마음이 끌린다면 그렇게 만든 요인이 상대방에게 있는 것이 아니라 내 마음속에 있다는 것이다. 내 마음속의 결핍이 상대방에 의해 채워질 것이라고 잘못 생각하기 때문이다. 그런 환상을 가지기 때문이다.

반대로 내가 특별한 이유도 없이 어떤 사람이 밉다면 그것 역시 내 마음속의 문제이지 그 사람의 문제가 아니라는 것이다.

그래서 정신분석가는 외적 요인보다는 내적 요인에 몰두한다. 내가 어떤 것에 호감이 간다면 그것은 내 마음속의 결핍 때문이고, 내가 어떤 것에 혐오감을 느낀다면 그것 역시 내 마음속의 결핍 때문이다. 모든 것은 오로지 마음이 지어내는 것, 즉 모든 것은 환상이라는 일체유심조의 진리에 100% 동의하게 된다. 그래서 나는 정신분석을 사랑한다.

이 꿈같은 세상에서 나는 매일 또 꿈을 꾸면서 살아간다. 낮에도 꿈(환상)을 꾸고 밤에도 꿈을 꾼다. 이중의 꿈이다. 꿈을 하나만 꾸어도 어느 것이 진실인지 헷갈리는데 이중으로 꿈을 꾸니 진실을 찾기는 처음부터 글러 먹었다. 그래서 판단 중지epoke라는 말을 좋아한다.

의사로서 병을 진단하려면 판단해야 하는데, 판단 중지라는 말은 그것과는 다른 뜻이다. 분별 자체가 환상이기 때문에 세상사에 대해 분별심을 갖지 않는다는 의미다. 분별하지 않으면 내 마음은 한없이 자유롭다. 남은 인생, 그물에 걸리지 않는 바람처럼(그래서 나의 닉네임은 '그물 바람'이다) 휘어이 휘어이 다닐 수 있다.

초자아가 기능하지 않는 사회

나는 정신과 외래에 오는 사람들을 사랑한다. 정신과를 방문하는 많은 사람들은 초자아가 너무 강해 증상을 보인다. 그냥, 너무 착하다는 말이다.

일찍이 프로이트는 인간의 정신세계를 자아, 초자아, 그리고 이드로 구분하여 설명하였다.

프로이트가 자아를 설명할 때는 독일어로 〈나〉라는 의미의 Ich라는 단어를 사용하였다. 그런데 독일어의 Ich는 대명사도 되고 명사도 되기 때문에 대명사로 사용될 때는 Ich로 쓰고, 명사로 사용될 때는 영어의 The에 해당하는 Das를 붙여 Das Ich로 쓴다. 프로이트의 제자인 스트레치가 프로이트 전집을 영어로 번역할 때 문제가 생겼다. 독일어로 〈나〉에 해당하는 Ich는 영어로 I인데 이 I는 오직 대명사로만 사용되고 명사 The I로는 사용될 수 없기 때문이다. 스트레치는 고심 끝에 라틴어에서 〈나〉라는 의미의 Ego를 빌려온다.

이드도 마찬가지다. 프로이트가 이드를 설명할 때 독일어로

221

〈그거〉라는 의미의 Es라는 단어를 사용하였는데 독일어의 Es는 Ich와 마찬가지로 대명사도 되고 명사(Das Es)도 된다. 그런데 〈그거〉에 해당하는 영어의 it은 대명사만 가능하고 The it 이라는 명사로는 가능하지 않다. 이번에도 스트레치는 라틴어에서 〈그거〉에 해당하는, 영어의 it에 해당하는 Id를 가져온다.

그런데 Ego와 Id는 프로이트가 사용한 독일어인 Ich와 Es의 개념을 완전히 대체하지 못하기에 약간의 혼란과 오해를 불러일으키고 있다.

아이는 3~5세 사이의 오이디푸스 시기를 거치면서 엄마와 심리적으로 분리되고 아버지의 특성 중 일부분을 동일시하면서 초자아가 생긴다. 여기서 아버지는 상징적인 아버지로 보통 아버지의 법이라고 한다. 도덕과 양심과 사회 규범을 받아들인다는 의미다. 프로이트에 따르면 초자아는 다음 세 가지 기능을 한다.

첫째는 관찰 기능이다. 자기 자신을 관찰하고 지켜보는 것이다. 이 기능은 아주 중요하다. 누군가가 자신을 지켜본다고 생각하면 말과 행동을 조심하게 된다. 그 누군가가 바로 자기 자신이 되는 것이다. 자신을 반성하고 되돌아보는 자아 성찰이 여기서 비롯된다. 이것이 병적으로 강화되면 누군가가 자신을 지켜본다는 관찰 망상으로 발전하게 된다.

두 번째는 자아 이상이 생긴다. 자신이 되고 싶은 롤 모델role model이 생긴다. 그런데 이 롤 모델이 너무 이상적이거나 아니면 자신이 너무 초라하다고 생각되면 여기서 열등감이 생긴다.

열등감의 근원은 자아 이상 때문이다. 초자아는 자아에게 '자아 이상처럼 저 정도는 해야지, 이것밖에 못 해? 바보같이.' 하면서 끊임없이 비난한다. 이게 지나치면 병이 된다. 초자아가 자아에게 하는 비난의 말이 밖으로 나갔다가 자기에게 되돌아오면 그게 자신을 비난하는 환청이 된다.

세 번째는 양심과 도덕관념이 생긴다. 사회의 법을 받아들이면서 무엇이 옳고 그른지, 해야 할 일과 해서는 안 될 일을 구분하게 된다. 이 양심과 도덕관념이 너무 강하면 죄책감이 생긴다.

자아 성찰, 자아 이상, 양심. 이 세 가지는 사회생활에서 성장하고 다른 사람과 어울려 살아가기 위해서는 꼭 필요하다.

자아 성찰하는 사람은 자신부터 먼저 돌아본다. 자아 성찰을 하지 않는 사람은 남 탓부터 하고 자기 잘못은 생각하지 않는다. 자신의 문제를 남의 문제로 여기는 투사를 자주 사용한다. 자아 성찰하는 사람들끼리 모이면 성장 가능한 대화가 되지만, 투사하는 사람들끼리 모이면 충돌이 일어난다.

자아 이상에서도 마찬가지다. 내가 되고 싶은 사람의 기준에 대해 이 사회는 혼란에 쌓여 있다. 본보기가 될 만한 사람을 이 사회가 아닌 위인전에서 찾아야 할 것만 같다.

양심은 어떠한가? 양심을 거론하면 어리석은 사람이 되는 사회가 되어 버렸다. 양심이 강해 죄책감에 시달리는 사람들이 많은 곳이 정신과다.

초자아가 작동하지 않는 사람을 정신과에서는 〈반사회성 성격장애〉환자라고 부른다. 그런 점에서 우리 사회는 〈반사회성 성격사회〉라고 할 수 있다. 그곳은 약육강식의 본능만 있는 짐승들의 세계다. 왜 이렇게 되었는지 무섭기만 하다.

그래도 정신과에서는 초자아를 가진 사람들을 언제나 만날 수 있다. 보통은 너무 엄격해서 탈이지만 말이다. 그게 내가 이 사회에서 숨을 쉬고 살아갈 수 있는 이유다.

이중 구속

이중 구속double bind. 베이트슨Bateson이 제기한 이론이다. 어린아이에게 행동, 태도, 느낌에 대해 상반되는 메시지를 동시에 주면 그 아이의 내적 평형은 깨지고 갈등, 분노, 불안, 마비, 고립무원감 등을 느껴 정신병적 세계로 빠져든다는 것이다

내가 보기엔 어쩌면 삶 자체가 이중 구속이다. 양심과 도덕의 중요성을 말하지만, 동시에 다른 사람보다 앞서갈 수 있다면 비양심적이고 비도덕적인 길이라도 간다. 병원에서는 늘 환자 중심의, 환자에게 감동을 주는 진료를 해야 한다고 하면서 동시에 합법적인 범위 안에서 최대한 수익을 내라고 재촉한다. 병원에서 가장 유능한 의사는 수익을 많이 올리는 의사다. 환자가 진료비를 많이 쓰게 만드는 의사가 좋은 의사다.

상반되는 요구를 끊임없이 받으면서도, 불의不義는 참아도 불이익不利益은 참지 못하는 이 세상에서 우리가 분열되지 않고 살아갈 수 있는 이유는, 한쪽이 알맹이고 다른 한쪽이 껍데기라는 것을 잘 알고 있기 때문이다.

잘 죽는 방법

　다른 과로부터 말기 암 환자들에 대한 자문 의뢰를 자주 받는다. 외래에서 환자들과 대화를 나눠 보면 그들은 죽음에 대한 공포에 사로잡혀 있다. 그들은 '죽음'이라는 단어를 말하기 꺼려 죽는다는 말 대신 '제가 어떻게 된다면', '더 이상 손쓸 수가 없을 때가 온다면' 등으로 돌려 말한다. 마치 '죽음'이라는 말을 하면 더 빨리 죽을지도 모른다고 생각하는 것 같다.

　그러나 때로는 죽음에 대해 먼저 말을 꺼내는 환자들이 있다. 그때는 이렇게 말해 준다.

　"잘 죽는 것은 잘 사는 것 못지않게 중요합니다. 더 중요한지도 모릅니다. 잘 죽어야 지금까지 살아왔던 삶을 완성시킬 수 있습니다. 모든 것은 끝이 좋아야 좋습니다. 사람들은 시작보다는 끝을 기억합니다. 죽음은 삶이라는 문장에 마침표를 찍는 것과 같습니다. 죽음으로써 삶은 비로소 완성됩니다. 그러니 죽음에 가까이 접근했을 때는 어떻게 죽을 것인지 그 방법을 생각해야 합니다. 그리고 실천에 옮기기를 권합니다."

이렇게 말하면 대부분은 어떻게 해야 할지 모르겠다고 한다. 그러면 조금 더 구체적으로 내 의견을 말한다.

"제일 먼저 결정할 것은 어디서 죽을 것인가와 어떻게 죽을 것인가입니다. 자신이 가장 좋아하는 장소에서 좋아하는 사람들에게 둘러싸여 죽는 것이 최상의 죽음이고, 병원 중환자실에서 목에 인공 튜브를 꽂은 채 한마디 말도 못 하고 죽는 것이 최악의 죽음입니다. 먼저 그것에 대해 본인이 가족과 의논해서 결정해야 합니다. 저 개인적으로는 사랑하는 사람들이 지켜보는 가운데 가능하다면 명료한 의식 상태에서 옆에 모인 모든 사람에게 작별을 고하고 죽는 것이 좋다고 생각합니다.

제가 추천하고 싶은 영화가 있습니다. '가와세 나오미'라는 일본 감독이 만든 〈소년, 소녀 그리고 바다〉라는 영화입니다. 그 영화에서 무당으로 나오는 소녀의 어머니가 죽음을 준비하는 장면이 있습니다. 그걸 보면 제가 권하는 죽음이 어떤 것인지 쉽게 이해되실 겁니다. 영화 제목 적어 드릴 테니 꼭 한번 보십시오."

"예, 꼭 보겠습니다."

"그 두 가지를 결정한 후에는 죽음을 담담하게 맞이할 마음의 준비를 해야 합니다. 죽음은 누구에게나 불안과 공포를 안겨줍니다. 정들었던 모든 것과 이별해서 낯설고 알 수 없는 곳으로 가기 때문입니다. 그래서 죽음이 일으키는 공포를 이겨 낼 수 있는 훈련을 평소에 해야 합니다. 그래야 죽는 순간에 당당하게 죽을 수 있습니다. 지금까지의 삶이 부족하다고 느끼더라도 죽는 순간에는 당당해야 합니다. 쉽지는 않겠지만 살아있는 동안 계속 죽음을 생각하면서 훈련하면 어느 정도 편안하게 죽음을 맞이할 수 있습니다."

"알겠습니다."

"마지막으로 드리고 싶은 말씀은 죽을 때 입는 수의에는 호주 머니가 없습니다. 죽을 때 가지고 갈 것은 아무것도 없다는 말입 니다. 그렇지만 사랑하는 사람들에게 남길 것은 있습니다. 물건 일 수도 있고 생각일 수도 있습니다. 글로 남길 수도 있고 음성 으로 남길 수도 있습니다. 자신이 하고 싶은 말을 미리 준비하는 것이 필요합니다."

이렇게 말하면 환자들 대부분은 도움이 되었다며 고마워한 다. 죽음에 가까이 다가선 환자들에게는 생전에 준비해야 할 일 들을 구체적으로 말해 주는 것이 좋다. 막연하고 추상적으로 말 해 주면 오히려 혼란스러워 한다.

취생몽사주는 있다

많은 사람이 불안과 우울과 불면으로 정신과 외래를 방문한다. 자기 삶이 얼마나 고단한지, 인생이 얼마나 불행한지, 겪는 고통의 강도가 얼마나 강한지 눈물로 호소한다. 그들은 나를 찾아와 그 모든 심적 고통을 없애거나 줄여 주는 약을 원한다. 약만 먹으면 해결되는 손쉬운 처방을 구한다.

가장 흔히 원하는 약이 〈동사서독〉에서 장만옥이 양가휘를 통해 장국영에게 전해주려는, 마시면 지난 일을 모두 잊는다는 〈취생몽사주醉生夢死酒〉같은 약이다.

의사 생활 초기에는 그런 약은 없다고 잘라 말했다. 그런 약이 있다면 내가 먼저 먹겠다고도 했다. 그러나 지금은 그런 약이 있다고 말한다. 먹으면 현재의 고통스러운 생각이 줄어들거나 없어지고, 과거의 아픈 기억도 희미해진다고 말한다. 내 말에 환자들은 귀를 쫑긋한다.

"정말로 그런 약이 있습니까? 혹시 마약을 말하는 겁니까?"

의심이 많은 환자는 이런 질문도 한다.

"마약과도 같은 약입니다. 한번 먹어 볼랍니까?" 내가 권하면 대부분은 먹어 보겠다고 한다. 그러면 이렇게 말한다.

"매일 두 시간씩 걷는 것입니다. 혹은 한 시간씩 뛰거나 헤엄치는 것입니다. 그렇게만 하면 당신이 느끼는 불안과 우울과 불면은 없어질 것입니다."

내가 운동이 〈취생몽사주〉라고 하면 대부분은 마치 속았다는 표정을 지으며 실망한다. 내가 다시 찬찬히 설명해 준다.

"제 말을 귀담아 들으십시오. 이건 제가 진료실에서 직접 경험한 사실입니다. 수년 동안 우울 증상으로 고통받던 한 환자에게 제가 일 년 동안만 눈 질끈 감고 매일 2시간씩 걸어 보라는 처방을 한 적이 있습니다. 그 환자는 우울 증상이 깨끗이 나아 지금은 병원에 오지 않습니다. 오랫동안 잠을 못 자던 환자 역시 제가 매일 두 시간 걷기 처방을 내린 후로 수면제 없이 잘 자고 있습니다. 제 말을 믿어 보십시오. 제가 없는 이야기를 만들어 내겠습니까? 신경증 증상에는 운동화가 약만큼 효과가 있습니다."

내가 진지한 태도로 말해도 여전히 환자들은 반신반의한다. 나는 다시 걸음으로써 신경증이 치료된 사례를 무수히 경험하였다며 확신에 찬 어조로 강조한다.

"새는 날고 물고기는 헤엄치고 인간은 걷습니다. 인간은 본래 걷는 존재입니다. 두 다리로 대지를 밟고 힘차게 걸으면 많은 문제가 해결됩니다. 신경증 환자들은 말할 필요도 없고 정신증 환자들도 많은 도움을 받습니다. 조현병을 앓고 있는 환자라도 허리를 꼿꼿이 세우고 걸음으로써 환청이나 망상을 스스로 조절할 수 있다는 자신감을 얻습니다. 기분이 들뜬 조증 환자 경우에는 지칠 정도로 걸음으로써 기분이 차분해집니다. 생각이 많은 강박장애 환자는 걷는 것 자체가 치료제입니다. 저는 진료실에서 걸음으로써 회복된 무수히 많은 사람들을 두 귀로 직접 들었고 두 눈으로 직접 보았습니다. 그러니 제 말을 믿으십시오."

나는 사이비 종교의 교주처럼 걷는 것의 위대성을 다시 강조한다. 내가 이 정도로 강하게 말하면 그제서야 환자들도 고개를 끄덕인다.

나는 걷기의 찬양자이고 숭배자다. 모든 정신질환은 단지 걸음으로써 완치되거나 호전된다고 믿는 사람이다. 니체는 〈모든 위대한 사상은 걷는 자의 발걸음에서 나온다〉며 걷기를 찬양하지만, 나는 〈많은 정신질환의 치료 효과는 걷는 자의 운동화에서 나온다〉라고 말하고 싶다.

매일 태양과 달과 별을 보면서 걷는 삶, 세상의 소음을 차단한 채 자신의 심장 소리를 들으면서 앞으로 걸어가는 삶, 그런 삶이 위대한 삶이다. 걷는 것 자체가 위대한 행위다.

독수리를 거위로 만드는 부모들

외래로 한 의과대학생이 나를 찾아왔다. 의학전문대학원생으로 나이가 서른을 넘었다. 방문 목적은 사랑하는 여자가 생겨 결혼하려고 하는데 그 여자의 직업이 마음에 안 든다며 어머니가 극구 반대한다는 것이다.

"어떻게 할까요, 교수님?" 그가 괴로운 표정을 지으며 나를 본다. 그와 시선이 부딪치자 딱하다는 생각부터 들었다.

'임마, 어쩌기는 뭘 어째. 그 여자를 사랑하면 사랑하는 여자와 결혼하면 되지. 그 때문에 어머니가 죽으면 그건 어머니 문제지 너 문제냐?' 하는 말이 입 밖으로 튀어나오려는 걸 겨우 참았다.

"교수님, 저 좀 도와주시면 안 되겠습니까?" 그가 애원하듯 부탁한다.

"뭘 어떻게 도와주면 되겠니?"

"제 어머니를 모시고 오겠습니다. 그러니 어머니를 설득해 주십시오. 어머니도 교수님 말씀이라면 생각을 달리할지 모릅니

232

다."

"내가 어머니를 만난다고 해서 달라질 것은 없어. 냉정하게 들릴지 모르지만 본인 삶이니 본인 스스로 결정해야 해. 내가 한마디 조언하자면, 결혼 당사자는 어머니가 아니라 본인이야. 나이 서른은 자기 인생을 스스로 결정하기에 충분한 나이지. 내가 해 주고 싶은 말은 용기를 내어 네가 가장 원하는 것을 선택해라, 선택하고 결정했으면 의심하지 말고 그대로 돌진해라, 두려워하지 말고 주저하지 말고 너의 심장이 가리키는 대로 나아가라. 그 뿐이다." 내 말에 그는 실망스러운 표정으로 자리에서 일어났다.

부모가 자식에게 흔히 저지르는 잘못 중의 하나는 자식을 자신의 욕망의 대상으로 삼는 것이다. 이런 부모는 자신이 못한 것을 자식이 해 주기를 바라며 자식에게 올인한다. 그리고 자식에게 요구한다. '내 인생을 너에게 바쳤으니 너도 나에게 모든 것을 바쳐라.' 이렇게 되면 부모와 자식 모두 불행해진다. 부모와 자식은 때가 되면 분리되어 각자 자기 삶을 살아야 한다. 그래야 자식이 거위가 되지 않고 독수리가 된다.

만약 내가 그 의대생의 어머니를 만난다면 이 이야기를 해 주고 싶다.

"한 가지 이야기를 해 드리겠습니다. 혹시 새끼 독수리가 어떻게 나는 법을 배우는지 아십니까? 어미 독수리는 절벽 높은 곳에 둥지를 짓습니다. 알에서 새끼 독수리가 부화하면 먹이를 잡아다가 새끼들 부리에 넣어줍니다. 하지만 새끼가 날 때가 되었다고 판단되면, 어미 독수리는 먹이를 입에 물고 새끼들이 있는 둥지로 가지 않고 맞은편 절벽에 가서 소리를 냅니다. '내가 여기에 있으니 여기로 날아와 먹이를 먹어라' 하고 신호를 보내는 겁니다.

이때 어미 독수리가 이것을 실행하는 시점이 아주 중요합니다. 너무 빨리 실행하면 새끼 독수리의 날개가 충분히 발달하지 못해 날지 못하고 떨어져 죽습니다. 너무 늦게 실행하면 날개에 비해 몸통이 무거워 역시 날지 못하고 떨어져 죽습니다. 날개의 힘과 몸통의 무게, 이 비율이 아주 중요합니다.

어미 소리를 들은 새끼 독수리들이 맞은편 절벽에 있는 어미 독수리에게 날아옵니다. 드디어 비행에 성공한 것입니다. 그런데 그다음이 더 놀랍습니다. 어미 독수리가 앉아 있는 장소로 새끼들이 날아와 도착하면 어미 독수리는 인정사정없이 새끼 독수리를 부리로 쪼아 부칩니다. 어미 독수리의 공격에 놀란 새끼 독수리는 다시 본래 있던 맞은편 절벽 둥지로 피합니다. 이러기를 몇 번 반복하면 드디어 새끼 독수리는 바람을 타고 비행하는 법을 배웁니다. 감동적이지 않습니까?

모친께서 진정으로 아들을 사랑한다면 아들이 어머니의 품을 떠나 훨훨 날아가도록 격려해야 합니다. 어머니라는 여자를 떠나 다른 여자의 품속으로 날아가도록 도와주어야 합니다. 그 여자의 직업이 무엇이든 그것은 전혀 중요하지 않습니다. 아들이 그 여자를 얼마나 사랑하는지가 중요합니다.

아들을 떠나보내야 아들이 넓은 세상을 날 수 있는 독수리가 됩니다. 붙잡고 있으면 날지를 못합니다. 독수리의 존재 의미는 나는 것인데 그것을 포기하면 더 이상 독수리가 아닙니다. 날개는 조그만데 몸통은 비대해진 독수리, 그건 독수리가 아니라 거위에 가깝습니다.

아들이 독수리가 되어 창공을 훨훨 날기를 원합니까? 아니면 살이 쪄 날기는커녕 땅 위도 뒤뚱뒤뚱 겨우 걷는 거위로 살기를 원하십니까?"

인내의 돌

『인내의 돌The patience stone』이라는 소설이 있다. 아티크 라히미Atiq Rahimi라는 아프가니스탄 출신 소설가가 쓴 글로 2008년 프랑스 최고 권위의 문학상인 '콩쿠르상'을 수상한 작품이다. 이 소설은 작가가 직접 감독을 맡아 영화로도 제작되었고, 국내에는 〈어떤 여인의 고백〉(2012)이란 제목으로 개봉되었다. 이 영화는 혼수상태에 빠져 있는 남편을 인내의 돌로 삼아 한 여인이 독백하는 내용으로 구성되어 있다.

〈인내의 돌〉은 페르시아 전설에 나오는 돌의 이름으로 그 돌 앞에서 비밀을 털어놓으면 이야기한 사람을 고통으로부터 해방시켜 준다는 마법의 돌이다. 숨겨놓은 비밀을 털어놓지 못해 괴로워하는 사람이 이 돌 앞에서 비밀을 털어놓으면 어느 날 이 돌이 깨어지고 그러면 그 비밀을 털어놓은 사람은 고통에서 벗어난다는 전설 속의 돌이다.

이것은 정신분석의 치료 원리와 일치한다. 정신분석은 말 치료talking cure다. 환자가 분석가 앞에서 말함으로써 치료되는 것이다. 인내의 돌은 분석가 역할을 하고 그 돌 앞에서 말하는 사람은 환자의 역할을 하는 셈이다. 인내의 돌 앞에서 말하는 사람이 고통에서 해방되듯이 분석가 앞에서 말하는 환자가 치료되는 것이다.

이것을 최초로 발견한 프로이트는『히스테리 연구』라는 책에서 이렇게 말한다. "환자가 히스테리의 원인이 되는(증상을 야기한) 사건에 대한 기억을 백일하에 드러내고, 그 기억에 동반되는 정동을 불러내는 데 성공하면, 그리고 환자가 그 사건을 가능한 한 상세하게 기술하고 그 정동을 말로 표현하면, 히스테리 증상은 즉시 그리고 영원히 사라진다."

정신과 외래에서 만나는 사람들은 나에게 말로 혹은 증상으로 삶의 고통을 이야기한다. 사람마다 내용은 다르지만 핵심은 하나다. '살아가는 게 너무 괴로워요. 내 이야기를 들어주세요.' 바로 이것이다.

나는 스스로 〈인내의 돌〉이 되려고 노력하지만 언제나 실패한다. 〈인내의 돌〉이 되어야 그들을 도울 수 있는데 돕지는 못하고 내가 지치고 만다. 그들의 이야기를 온몸으로 듣고 있으면 그들의 고통이 독처럼 내 피부를 통해 몸으로 스며든다. 외래를 마칠 때는 그 독이 혈관을 통해 온몸으로 퍼져 눈을 뜨기 어려울 정도로 극심한 피로를 느낀다.

내가 그 독을 치료하는 좋은 방법은 집 근처 공원을 산책하는 것이다. 〈인내의 돌〉이 되지 못해 나는 늘 나무를 찾는다. 나는 이야기하고 나무는 들어준다. 그날 보았던 환자들 중에서 슬프거나 괴로웠던 이야기를 털어놓는다. 때로는 환자 흉도 본다. 나무는 묵묵히 들어준다. 나무가 나에게 〈인내의 돌〉이 되는 셈이다.

나무에게 말함으로써 나는 나 자신의 메시지를 거꾸로 된 형태로 되돌려 받는다. 나무로부터 정신치료를 받는 것이다. 나무가 나의 치료자다.

매일 밤 자기 전에 나의 별을 바라본다면

어젯밤, 창문을 열고 안락의자에 몸을 파묻은 채 어둠 속에서 별을 보았다. 맞은편 노부부가 사는 이층집 옥상 푸른 물탱크 위에서 반짝이는 별. 어둠 속에서 아무 생각 없이 그저 나의 별만 쳐다보았다. 별빛이 너무 아름다워 황홀감을 느꼈다. 내가 느낀, 경험한 그리고 강력히 추천하고 싶은 최고의 힐링이었다.

요즘 사람들은 마음이 많이 아프다. 많이 외롭고 많이 슬프고 많이 고단하다. 여러 가지 이유가 있겠지만 개인적으로는 인터넷과 핸드폰 그리고 TV의 영향이 아닌가 싶다. 필요하지도 않은 정보를 너무 많이 받아들여서 굳이 몰라도 될 일들을 너무 많이 알게 되고 굳이 비교하지 않아도 될 일을 자꾸 비교하기 때문에 고통스러운 것이다. 그래서 괴롭고 슬픈 것이다.

뇌에 과부하가 걸린 것이다. 수많은 일들이 매일 일어나고 그것은 인터넷과 핸드폰과 TV를 통해 전달된다. 끊임없이 자신과 세상을 비교하게 만든다. 그러나 그 대부분은 살아가는 데 거의 도움이 되지 않는다. 오히려 마음만 황폐하게 만들 뿐이다. 그런 세상사들을 모르면 모를수록 더 단순하고 아름다운 삶을 살아갈 수 있다.

살아가는데 요즘처럼 많은 정보와 지식이 필요한 것은 아니다. 계절이 바뀜을 느끼고 주위 사람들에게 따뜻하게 대하고 열심히 노동해서 자기 가족을 먹여 살리겠다는 그 마음 정도면 충분하다. 그게 숭고한 삶이고 고고한 삶이고 고상한 삶이다. 힐링한다면서 하는 많은 일들이 더 마음을 복잡하고 시끄럽게 만든다. 그냥 아무 말 하지 않고 자기 전에 자기만의 별을 바라보면 그게 힐링이다.

지식과 정보가 넘쳐나는 세상. 그 속에서 자기답게 살아가려면 정보를 차단할 줄도 알아야 한다. TV를 적게 보고, 꼭 필요한 경우만 인터넷을 사용하는데 댓글은 달지 말고, 핸드폰 사용도 줄인다면 그리고 매일 밤 자기 전에 자기만의 별을 바라본다면 상처받은 마음에 새 살이 돋아날 것이다. 반드시 그럴 것이다.

추상적인 개념을 놓고 토론하면 안 된다

사례 토론 시간에 전공의 K선생이 발표한다. 발표를 듣고 내가 물었다.

"발표 잘 들었다. 내가 인상적으로 들은 구절은 〈이 환자의 핵심 문제는 열등감입니다. 그래서 환자에게 저의 해석을 말해 주었습니다. '당신의 핵심 문제는 열등감이고 그것을 고쳐야 합니다'라고 말했더니 환자도 수긍하였습니다〉였어. 그런데 열등감을 고쳐야 한다고 말했는데 어떻게 고칠 것인지 의문이 들었어. 그 점에 대해 구체적으로 말해 줄 수 있을까?"

사례를 발표한 K선생이 대답하지 못하고 우물쭈물한다.

"환자도 수긍했다고 하는데 무엇을 수긍했다는 말인가? 핵심 문제가 열등감이라는 말에 수긍했다는 말인가? 아니면 그 열등감을 고쳐야 한다는 말에 수긍했다는 말인가?"

내가 재차 묻자 K선생이 잽싸게 대답한다.

"두 가지 모두입니다."

"그렇다면 그 환자는 자신이 열등감을 느끼고 있다는 사실을 지금까지 몰랐다는 말인가?"

"그게……."

"자신은 열등감이 있는 줄도 몰랐는데 정신과 의사의 말을 듣고 비로소 열등감이 있다는 것을 알게 되어 그것을 고치는 게 좋겠다고 생각한 것인가?"

"그게……." K선생이 선뜻 대답하지 못한다.

내가 말했다.

"사람은 누구나 자신의 문제가 무엇인지는 대략 알고 있어. 그 문제를 극복하려고 자신만의 방식대로 노력하지. 그렇지만 별 효과가 없으니까 그대로 지내게 되지.

그런데 열등감은 추상적인 개념으로 명확하게 손에 잡히지도 않고 또 사람마다 그것에 대한 해석이 달라. 그래서 구체적으로 접근하는 것이 도움이 돼. 가장 먼저 환자가 생각하는 열등감이 어떤 것인지 그것부터 정의한 후에 그런 열등감을 느끼는 상황이 무엇인지 또 그런 상황에서 어떻게 행동하는지를 알아보는게 필요해. 열등감이 무엇인지 정의조차 되지 않은 상태에서 그것을 고치라고 하는 것은 눈에 보이지 않는 유령과 싸우라는 것과 마찬가지야.

추상적인 개념을 놓고 토론하면 안 돼. 구체적이고 실용적인 태도로 접근해야 실질적인 도움을 줄 수가 있어."

모든 환자는 『어린 왕자』에 나오는 유일한 장미다

　전공의 K선생이 자신이 담당한 한 입원 환자 사례에 대해 발표하면서 마지막에 참고 문헌을 제시하였다. 모임이 끝나고 내가 물었다.

　"무엇에 대한 참고 문헌인가?"

　"그 환자에 대한 참고 문헌입니다."

　"환자에 대한 참고 문헌이 있을 수 있는가? 이 세상에 환자에 대한 참고 문헌은 없다."

　"무슨 말씀을 하시는지 잘 모르겠습니다. 이 환자 경우는 치료에 도움이 되는 참고 논문이 있어 제시하였습니다만……."

　K선생이 내 눈치를 살피며 말끝을 흐린다.

　"제시한 참고 논문의 내용은 무엇인가?"

　"우울증에 대한 것입니다."

　"그렇다면 그 논문은 병에 대한 것이지 환자에 대한 것은 아니지 않는가?"

　"그렇지만……."

　"병에 대한 것과 환자에 대한 것은 달라. 우울증과 우울증 환

자는 달라. 우울증으로 진단받은 환자가 10명 있다고 하자. 그
환자들은 우울증이라는 같은 병을 앓고 있어도 살아 온 삶의 궤
적이 모두 달라. 똑같은 증상을 보인다고 해도 그 증상이 말하는
의미는 다 달라. 따라서 환자 한 사람 한 사람에 대한 참고 문헌
은 있을 수가 없어.

환자를 병의 카테고리에 넣어버리면 그 순간 유일한 환자는
사라지고 세상에 무수히 많이 있는 우울증 환자 중의 한 사람이
되어버려. 환자 자체가 텍스트야. 유일한, 하나뿐인, 평범하지
않은 텍스트. 여기서 유일한unique과 평범한ordinary의 차이가
중요해.

생텍쥐페리의 『어린 왕자』에서 어린 왕자는 자기 별에 있는
한 송이 장미가 유일한 장미라고 믿었어. 그런데 지구에서 무수
히 많은 장미를 보고 자기 별에 있는 장미가 그냥 평범한 장미라
는 것을 알게 되어 슬퍼서 울어. 그때 여우가 나타나 〈길들인다〉
라는 의미를 가르쳐 주지. 〈길들인다〉는 것은 사랑과 관심을 쏟
는 거지.

여우는 어린 왕자에게 이렇게 말해. '세상에는 무수한 장미
(환자)가 있지만 네 (의사)가 장미(환자)를 길들인다면(유일한 존
재로 받아들인다면) 서로를 필요로 하게 될 거야. 너 (의사)는 장
미(환자)에게 세상에 하나뿐인 존재가 될 거고, 장미(환자)는 너
(의사)에게 세상에 하나뿐인 존재가 되고. 〈모든 환자는 『어린 왕
자』에 나오는 유일한 장미다.〉 그게 내가 말하고 싶은 핵심이야.
꼭 기억하길 바란다."

어쩌다가 증상이 환자 이해를
가로막는 벽이 되어 버렸나!

'어쩌다가 증상이 환자 이해를 가로막는 벽이 되어 버렸나!'

한 환자에 대한 사례 보고를 듣고 있으면서 갑자기 떠오른 생각이다. 전공의 K선생이 사례 발표를 한다.

20대 남자 대학생으로 갑자기 피해망상과 환청을 보여 입원했다가 좋아져서 퇴원한 환자다. 주 증상은 환청과 피해망상, 진단명은 급성 정신병. 그래서 2주 입원해서 약물치료를 하였고 증상이 호전되어 퇴원했다. 그게 발표의 핵심이다.

발표가 끝나고 내가 물었다. "그 환자가 어떤 이유로 환청과 피해망상을 보였는지 그게 궁금한데 말해 줄 수 있을까?"

K선생이 대답하지 못한다. 어쩌면 K선생은 환자가 피해망상과 환청을 보였고, 갑자기 발병했고, 그래서 진단을 내렸고, 그 진단에 맞는 약물치료를 했고, 증상이 호전되어 퇴원했으면 진단도 잘했고 치료도 잘하지 않았나 하는 생각을 할 것이다. 게다가 '피해망상과 환청의 원인이 어디 있나? 정신병에 걸렸으니까 나타난 거지'라고 생각할지도 모른다.

"멀쩡하게 잘 지내던 그에게 갑자기 누가 자기를 해친다는 생각이 들고 귀에서 자기 욕을 하는 환청이 들렸어. 그러면 K선생은 왜 그런 증상이 나타났는지 궁금하지 않던가?"

"그게…… 전…… 저는…… 궁금하기는 했습니다."

"그러면 환자나 가족이 K선생에게 왜 이런 증상을 보이는지 그 이유를 물어본 적은 없었나?"

"있었습니다."

"그때는 뭐라고 대답해 줬나?"

"정신병의 증상이라고 말해 주었습니다."

"그랬구나. 그렇다면 지금부터 내가 하는 말을 귀담아들었으면 좋겠다. 우리 정신과 의사는 증상을 통해 환자의 심리를 이해하게 돼. 증상은 꿈과 같이 환자의 내면으로 들어가는 문이야.

예를 들면, 신경증 환자에게 불안 증상이 나타나면 '왜 지금 이 증상이 나타나지? 이 불안 증상은 어떤 심리적 갈등을 상징하지? 이 증상은 환자에게 어떤 도움을 주지?' 이런 식으로 생각해 봐야 해. 우울 증상도 마찬가지야. 우울 증상은 어떤 상실을 의미하지? 우울함으로써 환자는 어떤 삶의 어려움을 해결하려는 거지?

정신증 환자의 경우에는 망상과 환청의 의미를 생각해야 해. 누가 자기를 비난하고 자기를 해치려 한다는 망상을 보이면, '아! 환자 내면에 있는 초자아가 환자를 비난하는구나'라고 생각해야 해. 환청도 마찬가지야. 마음속에서 자기가 자신을 욕하면 그것이 마음 밖으로 나가 다른 사람이 자신을 욕하는 소리로 들리는 거지. 왜 마음속의 생각이나 말이 밖으로 나가느냐 하면 마음 밖에서 즉 현실에서 다른 사람이 자신을 욕하는 것은 힘들어도 견딜 수가 있어. 그러나 마음 안에서 자기가 자신을 비난하는 것은 도저히 견딜 수가 없기 때문이야.

신경증과 정신증의 가장 큰 차이는 신경증은 마음 안의 생각이나 소리가 관념으로 마음속에 머무는 반면, 정신증은 그 생각이나 말이 마음 밖으로 나가 실제 현실이 되어 되돌아오는 것이지.

물론 이런 정신분석적 가설이 틀릴 수도 있지만, 내가 하고 싶은 말은 우리 정신과 의사는 오직 증상을 통해서만 환자를 이해할 수 있다는 점이지. 증상은 환자의 마음으로 들어가는 가장 중요한 문이야. 그런데 증상을 그대로 지나쳐버리면 환자를 결코 이해할 수가 없어. 환자를 이해하는 것, 그게 치료의 첫걸음이야.

그리고 또 하나 기억해야 할 점은, 정신과에서 증상은 환자를 보호하는 보호막의 역할을 해. 현실의 어려움을 해결하는 일종의 해결책인 거지. 물론 좋은 해결책은 아니야. 증상은 환자에게 피해를 주는 것이 아니라 환자를 돕는 역할도 해. 현실이 너무 괴로워서 증상으로 그 고통을 덮으려고 하는 거지. 그래서 환자는 자기 몸처럼 증상을 사랑하는 거야. 환자가 보이는 증상을 그런 시각으로 바라보아야 환자의 마음으로 들어갈 수가 있어."

기계적으로 환자를 보면 증상은 환자를 이해하는 문이 아니라 환자에 대한 이해를 가로막는 벽이 된다. 안타깝다.

정신과 의사와 말

정신과 의사는 말로 먹고 산다고들 한다. 정신과 의사가 물에 빠져 죽으면 입만 둥둥 뜰 것이라고 놀리기도 한다. 정신과 의사를 비꼬는 말이지만 나는 이것이 정신과 의사의 본질을 꿰뚫는 표현이라고 생각한다.

정신과 의사는 분명 말로 먹고 산다. 말을 통해 환자를 진단하고 말로 치료한다. 정신분석치료의 또 다른 이름이 말 치료 talking cure인 이유도 여기 있다. 반면 다른 과 의사들은 검사실 소견과 영상 소견 등을 통해 환자를 진단한다.

불안을 호소하는 환자에게 혈액 검사나 영상 사진을 시행하는 이유는 불안을 유발할 만한 신체질환 여부를 알아보기 위한 것이지 불안의 근원을 파악하기 위함은 아니다. 정신과에서 불안의 근원은 오직 말을 통해서만 찾아낼 수 있다. 우울도 강박도 공포도 마찬가지다. 그런 이유로 정신과 의사에게 말은 모든 것이다.

정신과 의사는 말을 통해 환자의 심리를 파악해 나간다. 의식의 표면에서 시작하여 기억의 내면으로 점점 깊이 들어간다. 물론 무의식에는 결코 도달할 수 없지만, 무의식에서 흘러나오는 왜곡되고 변형되고 파편화된 말을 통해 의식의 퍼즐을 완성해 나간다. 어떤 정신과 의사라도, 정신분석을 창시한 프로이트조차도 환자가 말을 하지 않으면 아무것도 알 수가 없다. 환자가 하는 말은 무의식으로 인도하는 유일한 아리아드네의 실이다. 환자가 보이는 무언의 행동을 통해 추측은 할 수 있겠지만 그것만 가지고 무의식의 지도를 그려낼 수 없다.

정신과 의사는 환자의 말에 모든 것을 걸지만 동시에 말의 한계 때문에 좌절한다. 말은 태생적으로 한계를 지니고 있다. 말을 하는 순간 인간은 분열된다. 말하는 나와 말 내용 속의 나로 분리된다. 〈말하는 행위의 주체〉가 생기고 〈말 내용 속의 주체〉가 생긴다. 전자를 발화 행위의 주체라고 하고 후자를 발화 내용의 주체라고 한다. 그러한 분열은 인간이 말을 사용하는 한 피할 수 없다.

내가 말하는 순간에 발화 행위의 주체와 발화 내용의 주체는 분리된다. 가령 〈나는 너를 사랑한다〉라고 말할 때 그 문장의 주어인 〈나〉와 그 문장 전체를 말하고 있는 〈나〉는 분리된다. 후자의 〈나〉는 모든 말 뒤에서 작용하고 있는 말의 행위자이지만 결코 겉으로 드러나지 않는다. 〈나는 너를 사랑한다라고 나는 말한다〉라고 말해도 그 말을 하는 순간 그 문장 전체를 말하고 있는 〈나〉는 문장 내용의 〈나〉 뒤에 숨어버린다. 정신분석적으로는 〈숨어버린다〉는 표현 대신에 〈분열된다〉, 〈분리된다〉, 〈소외

된다〉, 〈접힌다〉라고 하기도 한다.

말하는 〈나〉와 말로 표현된 문장 속의 〈나〉는 분열되어 있다. 〈나는 술을 마신다〉고 말할 때 그렇게 말하는 〈나〉와 술을 마시는 〈나〉는 분리되어 있다. 이 분리된 공간이 바로 정신분석의 공간이다. 이 분리된 공간에서 환상이 나타나고 거짓말이 생겨난다. 거짓과 진실의 문제도 그 차원에 있다.

정신분석적으로는 발화 내용(말하는 내용)보다는 그 뒤에 보이지 않는 발화 행위의 〈나〉가 훨씬 중요하다. 그게 무의식적인 본마음이다. 그렇지만 사람들은 발화 내용에만 신경을 쓴다. 귀에 들리는 말에만 신경 쓰지, 그 뒤에 숨어서 말하는 무의식적 〈나〉에는 신경 쓰지 않는다. 자기 귀에 들리는 말의 내용만을 가지고 그것이 사실인지 아닌지 판단한다. 그러나 진실은 보이지도 않고 들리지도 않고 감지되지도 않는 발화 행위(말하는)의 〈나〉에 있다. 발화 행위의 〈나〉에서 발화 내용으로 전달될 때 욕망이 개입되고 무의식이 드러난다.

사람들은 '내가 말한다'라고 생각한다. 자신이 말의 주인이라고 생각한다. 내가 나의 주인이라고 생각한다. 주인으로서 내가 진실을 말한다고 생각한다. 내가 말하고 진실은 목적어라고 생각한다. 정신분석에서는 그렇게 생각하지 않는다. 프로이트는 "나는 무의식이 말을 할 때 내 입을 빌려줄 뿐이다"라고 말하고, 라캉은 "나는 진실이 말을 할 때 내 입을 빌려줄 뿐이다"라고 말한다.

우리는 하루에 수천 번 이상 말을 한다. '나는 밥 먹는다', '나는 술 마신다', '나는 사랑한다', '나는 놀러 간다', '나는 잔다', '나는 공부한다' 등등 무수히 많은 '나'를 말한다. 그렇다면 도대체 진짜 〈나〉는 누구인가? 밥 먹는 나인가? 술 마시는 나인가? 사랑하는 나인가? 말 내용 속의 나는 껍데기이고 그림자에 불과하다. 불교에서 〈참 나를 찾아서〉라는 수행은 바로 이런 이유에서다. 이런 관점에서 불교와 정신분석은 완전히 일치한다.

무의식은 우리가 사용하는 일상적인 말로 말할 수 없기 때문에 증상으로 말하는 것이다. 정신과 의사는 환자가 하는 발화 내용의 〈나〉를 통해 발화 행위의〈나〉가 무슨 말을 하려는지 알아내려고 노력하는 사람이다.

소의 되새김질을 배우자

환자가 다양한 증상을 호소할 때 정신과 의사가 갖추어야 할 태도는 먼저 그들이 말하는 증상의 본질을 파악하는 것이다. 현상학적으로 같은 증상이라도 그 원인은 환자마다 다르다. 증상의 본질을 파악하기 전까지는 섣부른 조언이나 해법을 제시하기보다 묵묵히 환자의 말을 듣는 게 좋다. 환자들이 말하는 내용은 껍데기이고 실제는 그 뒤에 숨어있는 경우가 많기 때문이다.

환자가 호소하는 다양한 증상의 본질을 파악하는 가장 좋은 방법은 틈날 때마다 그 증상들을 되새김질하는 것이다. 되새김질한다는 것은 증상 간의 관계를 파악하는 것이다. 예를 들면, 환자가 10가지 증상을 호소하면 그 각각의 증상을 한 개의 구슬이라고 치고 그 구슬 모두를 꿰어 하나의 목걸이로 만드는 것이다. 그러기 위해서는 10가지 증상 중에서 목걸이의 실을 꿰는 첫 구슬이 무엇인지 찾아내야 한다.

증상의 되새김질을 하지 않고 환자가 말하는 대로 아무렇게나 구슬을 꿰면 목걸이도 만들지 못할뿐더러 증상 하나하나마다 약을 처방하는 깨춤을 추게 된다. 정신과 의사가 환자의 증상을 잘 씹지 않고 그대로 삼키면 소화는커녕 구역질하게 된다. 그것은 마치 어두운 동굴 속에서 불을 밝혀 동굴을 빠져나가도록 인도해야 할 안내자가 길을 찾지 못하고 미로에 갇혀 헤매는 꼴과 같다.

진료실에서 환자들이 뱉어내는 다양한 증상들을 완전히 소화시키려면 소의 되새김질을 배워야 한다. 그래야 환자들을 실질적으로 도와줄 수 있다. 그래야 증상 하나하나마다 약을 처방하는 과잉 처방을 막을 수 있다.

표적 증상

아침 입원 환자 발표 때 환자를 담당하게 된 전공의 선생들은
치료 대상이 되는 증상을 〈표적target〉 증상이라고 한다.

표적이라는 말은 과녁이라는 단어를 연상시키고 과녁은 화
살이나 총을 떠올리게 한다. 대상을 파괴한다는 인상을 주기 때
문에 차갑게 느껴진다. 그러나 표적 증상이 무엇인지 정한 후에
약물치료를 통해 그 증상을 없앤다는 의미라서 틀린 말은 아니
다.

그런데 문득 이런 생각이 들었다. 항암 치료할 때는 암 덩어
리가 눈에 보이는 표적이지만, 불안해하고 우울해하는 환자에게
서는 무엇을 표적으로 삼아야 하나? 불안인가? 우울인가? 표적
으로 삼기에는 너무 막연하고 손에 잡히지 않는다는 생각이다.

표적 증상이라는 말은 약이 표적으로 삼은 증상에 가 닿으면
증상이 없어진다는 직선적인 뉘앙스를 준다. 그러나 인간의 정
신은 그렇게 단순하지 않다. 약을 먹어도 효과가 그런 식으로 나
타나지는 않는다.

그래서 표적 증상이라는 말보다는 〈가장 어려운 문제〉, 〈좋아졌으면 하는 문제〉 혹은 〈가장 고통스러운 문제〉로 바꿔 사용하는 것은 어떨까 하는 생각이 들었다.

환자가 유혹할 때

진료실에서 나를 유혹하는 환자들이 있다. 대부분 40~50대 여성이고 드물게는 70대도 있다. 유혹은 은밀하게 이뤄지기도 하고 노골적으로 행해지기도 한다.

은밀한 경우는 '피로해 보인다', '오늘따라 쓸쓸해 보인다', '누구를 닮아 무척 멋져 보인다'라고 말하는 경우다.

노골적인 경우는 밖에서 식사를 대접하겠다거나 불필요할 정도로 자주 외래 진료를 받겠다고 하거나 배우자와의 성생활에 대해 노골적으로 불만을 털어놓는 경우다. 물론 이유 없이 선물을 주거나 자신의 건물에 무료로 개업 공간을 제공하겠다는 제안도 당연히 노골적인 유혹에 속한다.

환자가 의사를 유혹하는 것은 어느 정도는 자연스러운 현상이다. 자신의 힘든 점을 도와주려는 사람에게 호감을 느끼는 것은 당연하다. 환자가 의사를 유혹하는 것은 환자의 감정 때문이지 의사 개인의 매력 때문이 아니다. 자신이 생각하는 이상적인 정신과 의사의 환상을 나에게 투영한 것이다.

환자가 생각하는 나와 실제의 나는 다른 데도 환자는 환상의 눈으로 나를 보고 좋아하는 것이다. 자신의 내밀한 이야기를 들어주는 정신과 의사는 당연히 매력적이고 좋은 사람이어야 하기 때문이다.

환자가 의사를 유혹할 때 교과서적으로는 의사가 정중한 태도로 환자와 거리를 두어야 한다고 말한다. 그러나 그런 태도는 때로는 환자의 자존심을 상하게 할 수 있고 의사로부터 자신이 거절당했다는 상처를 줄 수도 있다.

환자의 유혹하는 말이나 행동이 망상에서 비롯된 것이 아니라면 유머로 가볍게 반응할 수도 있다. 그리고 실제가 아닌 환상으로 의사를 바라보고 있다는 점을 설명해야 한다. 정신분석적 용어로 '전이'이다. 환자를 교육하는 것도 진료 중에 의사가 해야 할 중요한 일이다.

그때 왜 그랬어요?

진료실을 찾는 60대 이상 환자들의 숫자가 부쩍 많아졌다. 반을 훌쩍 넘었다. 그들 중 대부분은 오래전부터 나에게 치료를 받는 분이지만 최근에는 그들이 소개해서 온 사람들이 많다.

나이 든 사람 경우에는 젊은 사람보다 회복력이 떨어지므로 한번 정신과 약을 복용하기 시작하면 오래 지속되는 경우가 많다. 그리고 날이 갈수록 약 개수가 늘어나는 경향을 보인다. 그럴수록 삶에 맞서는 힘은 떨어진다.

다른 정신과 의원에서 치료받다가 나에게 온 환자 중에서 약을 지나치게 많이 복용하고 있는 사람들을 보면 안타까운 마음을 금할 길이 없다. 가끔씩 가벼운 신경증 환자이고 나이가 많은데도 하루 20알 넘게 복용하는 경우도 있다.

왜 이런 상황이 일어나느냐 하면 나이 든 사람들이 호소하는 불만과 불평을 모두 증상으로 보고 그것에 따라 약을 처방하기 때문이다.

"아이고, 잠이 안 오네." "아이고, 앞날을 생각하면 아무 즐거움이 없네." "아이고, 아들 때문에 밥맛이 없네." 나이 든 사람들은 사소한 문제 때문에도 걱정하고 불안해하고 잠을 이루지 못한다. 그들이 그런 호소를 하는 것은 마음이 그만큼 괴로우니 그런 내 마음을 알아 달라는 것이다. 딱히 자신의 불편한 마음을 토로할 곳이 없으니 정신과에 와서 말하는 것이다.

그때는 "아이고, 많이 힘들겠습니다." "사는 게 힘들지요." "잘 자다가 하루 이틀 잠이 안 올 때도 있습니다." "자식 문제는 자신이 할 수 있는 일과 없는 일로 나누어 생각해야 합니다. 자신이 할 수 없는 일이라면 포기해야 합니다. 마음은 괴롭겠지만 선을 그어야 합니다." 이런 식으로 상황에 따라 공감하고 위로와 조언을 해주면 대부분은 약의 용량을 올리지 않고도 넘어간다.

'여기가 아프다', '저기가 아프다'라는 식으로 신체적 불편감을 호소할 때도 마찬가지다.

꼭 필요할 때는 약을 써야 한다. 그러나 다른 방법이 있는데도 약에만 의존하는 것은 득보다 실이 크다. 특히 노인의 경우에는 더 그렇다.

며칠 전에 어떤 정신과 의원에서 불면증으로 치료받던 60대 남자가 나에게 왔는데 하루에 복용하는 약이 24알이었다. 그렇게 약을 많이 먹으니 몸동작이 느려지고 발음도 어눌해서 파킨슨병인가 싶어 신경과에 갔다가 정신과 약으로 인한 부작용으로 추정되어 자문 의뢰된 분이다. 정신과 병동에 입원시켜 일주일 만에 약을 4알로 줄였다.

어제 회진을 도는데 그 환자가 이렇게 말한다.

"지난 10년 동안 이렇게 몸이 가벼웠던 적은 없었습니다."

이 환자의 말을 들으니 〈달콤한 인생〉에서 이병헌이 자기를 죽이려는 한때의 보스였던 김영철에게 했던 말이 생각난다.

"말해봐요. 저한테 왜 그랬어요?"

그것은 또 다른 연상으로 이어진다. 밤에 부산 자갈치 시장 해변 광장에서 영도 쪽을 보면 노란 조명이 켜진 문구 하나가 어둠 속에서 선명하게 빛나는 것을 볼 수 있다.

"그때 왜 그랬어요?"

그 60대 남자에게 그렇게 약을 많이 처방한 의사에게 내가 좋아하는 영화의 대사를 빌어 이렇게 묻고 싶다.

"말해봐요. 그 환자한테 왜 그랬어요?"

소소한 관심

"둘째 놈 때문에 못 살겠습니다."

오늘 50대 여자 환자가 자리에 앉자마자 하소연한다.

"무슨 일이 있었습니까?" 내가 아무 생각 없이 물었다.

순간 아주머니가 눈을 동그랗게 뜨고 나를 보더니 이내 고개를 돌려 외면한다. 그리고 아무 말도 하지 않는다. 아차 싶었지만 이미 때는 늦었다.

"둘째 아들 때문에 속상해 한다는 것을 알고는 있었는데 순간적으로 깜빡했네요. 요즘 제가 그렇습니다."

내가 적당히 합리화를 하고 또 기억하고 있었더라면 더 좋았을 것이라고 아쉬움을 표현하자 환자의 얼굴이 펴진다.

"괜찮아요. 환자가 많다 보니 다 기억할 수는 없겠지만, 그래도 교수님이 그 말 할 때는 제 귀를 의심했지요. 내 교수님이 맞나 하는 생각이 들었어요."

환자가 '내 교수'라며 내가 자신의 소유라는 점을 확실히 한다. 이제부터는 꼭 기억하고 있겠다고 말하는 선에서 그 상황을 수습했다.

요즘은 자주 이런 일이 일어난다. 환자와 나눈 일상적인 대화를 진료 기록지에 자세히 적지 않기 때문이다. 그걸 세세하게 타자 치기도 그렇고 눈도 아프고 손가락도 아프기 때문이다.

그런데 사실은 환자가 말하는 사소한 일상의 에피소드를 기억했다가 다음 진료 시간에 그것에 대해 물어봐 주는 것은 의사와 환자 간의 신뢰 관계를 군건하게 해 주는 아주 중요한 역할을 한다. 의사의 그런 물음이 환자에게는 자신에게 관심을 갖고 주의를 기울이고 있다는 신호로 받아들여지기 때문이다.

많은 사람 중의 한 사람이기보다는 특별한 한 사람이기를 바라는 환자에게는 담당 의사의 이런 작은 행동 하나가 긍정적인 감정 경험을 제공한다. 진료실에서뿐만 아니라 친구나 가족 사이에서도 소소한 관심의 위력은 생각보다 훨씬 크다.

VIP 환자

오늘 내가 무의식적으로 환자를 차별한다는 사실을 알아차
렸다. 차별한다기보다는 특정 환자들을 더 각별히 생각한다는
것이다. 우연한 발견이었다.

한 60대 여자가 내 앞에서 울고 있다. 30대 딸이 암에 걸려 갑
자기 죽었다며 소리 죽여 운다. 처음에는 흐느끼다가 감정이 북
받치는지 외투 윗깃을 입에 대고 오열한다. 울음소리는 작지만,
양쪽 어깨가 격렬하게 흔들리는 것을 보니 억지로 울음을 참는
것 같다. 일종의 절규다. 옆에 있는 남편은 멍하니 맞은편 벽만
바라본다. 이럴 때는 울음이 그치고 말하기를 기다린다.

자식을 잃은 부모의 경우에는 반은 말을 하고 반은 아무 말
도 하지 않는다. 어느 쪽이 슬픔이 더 크다고 할 수는 없다. 억장
이 무너지면 말도 끊긴다. 딸이 죽었다는 말도 여자의 입이 아닌
남편의 입을 통해 알게 되었다. 남편이 팔꿈치로 옆에 앉아 있는
아내 몸을 툭툭 치면서 이제 그만 일어나자는 신호를 보낸다. 일
주일 치 약을 처방하면서 회복하려면 시간이 필요하다고 남편에

게 말했다. 여자는 아무 말 없이 나와 남편이 하는 이야기를 듣고만 있었다.

  그들이 나가고 다음 진료 환자 이름을 클릭했다. 그런데 외래 간호사가 나에게 개인 정신치료 수가를 10분 이내로 끊었다며 20~30분 사이로 정정해도 되겠는지 물어왔다. 그러고 보니 컴퓨터에 기록된 그 여자와의 면담 시간은 (남편과 잠시 이야기를 나눈 것 외에 대부분은 여자가 울음을 그치기를 기다린 시간이지만) 25분이었고 나는 당연히 면담 수가를 20~30분 사이로 끊었어야 했다. 그런데 나도 모르게 "괜찮아요. 그대로 놓아두세요"라고 간호사에게 말했다.

  정신없이 진료를 보다가 문득 어떤 생각이 스쳐 지나갔다. 여유 시간이 될 때 지난 1년 동안 진료를 보았던 자식 잃은 부모들의 과거 외래 진료 기록지를 기억나는 대로 들추어 보았다. 놀랍게도 모두 면담은 20분 이상씩 했으면서도 예외 없이 모두 10분이내 면담한 것으로 수가가 입력되어 있었다.

  그 순간 내가 깨달았다. 아하! 나에게는 자식 잃은 부모가 VIP 환자구나. 내가 최선을 다해 도와주어야 할 환자라고 생각하는구나. 도와주고 싶은데 실제로는 큰 힘이 되지 못하는 한계를 스스로 느끼는구나. 그래서 무의식적으로 면담료를 낮게 입력하는구나. 나는 의식하지 못해도 내 무의식은 그렇게 생각하고 있구나. 여러 가지 생각이 떠올랐다.

진단명은 환자를 돕기 위해서다

　일반적으로 다른 병원에서 치료받다가 온 환자의 경우, 진료 의뢰서에 적혀 있는 진단명과 복용 약을 보고, 외래에서 치료를 시작할 것인지 아니면 며칠이라도 입원해서 상태를 평가할 것인지를 결정한다. 진단명이 정신증이고 복용하고 있는 약의 용량이 높을 때는 보통 단기간의 입원을 권한다.

　한 20대 여자 환자가 가져온 진료 의뢰서에는 주요 우울장애, 충동조절장애, 경계성 성격장애라는 세 가지 병명이 적혀 있었고 복용하고 있는 약의 개수도 많았다. 각각의 병 하나하나가 입원이 필요할 정도로 치료하기 힘든 병이라서 정확한 상태를 파악하기 위해 입원을 권했다. 그랬더니 그녀는 3개월 입원하고 방금 퇴원해서 오는 길이라며 죽어도 입원은 못 하겠다며 거절했다. 그녀의 말이 일리가 있어 더 이상 입원을 권하지 못했다. 속으로 '경계성 성격장애와 충동조절장애라면 몹시 힘들겠네'라는 선입감을 가지고 치료를 시작했다.

그런데 외래에서 치료해 나갈수록 진료 의뢰서에 적혀 있던 경계성 성격장애와 충동조절장애라는 진단에 의문이 들기 시작했다.

환자의 어머니에게 왜 환자를 병원에 입원시켰는지 묻자 남자친구와 헤어진 후 일주일째 계속 울고 자기 방에만 틀어박혀 있어 걱정되어 병원에 데리고 갔더니 우울증이 심하다고 입원을 권해 입원시켰다고 했다.

그녀에게 이전 병원에 입원해 있을 때 어떤 일이 있었는지 묻자, 그녀는 한 달이 지나도 퇴원시켜 주지 않자 화가 나서 식사를 거부하고 의자를 던지고 자해했다고 하였다. 자주 그랬냐고 묻자 퇴원시켜 줄 때까지 여러 번 하였다고 했다.

자해는 어떻게 했는지 묻자 볼펜 심으로 팔뚝을 그었는데 흉터도 없고 약간 긁힌 자국만 있다고 했다. 그녀의 양 팔뚝을 확인해 보니 실제로 약간의 흔적만 남아 있었다.

어머니에게 평소 집에서도 그녀가 문제 행동을 보였는지 묻자, 성질이 급하고 화를 잘 내고 변덕이 심하고 마음대로 안 되면 불같이 화를 내지만 지금까지 물건을 부수거나 자해한 적은 없었다고 했다.

외래에서 수개월 동안 치료하면서 경과를 관찰해보니 내가 진단명에 대해 품었던 의심이 맞다는 생각이 들었다. 경계성 성격장애라는 진단을 붙이려면 현실이나 가상에서 버림받는 것을 피하기 위하여 필사적으로 노력해야 하는데 그녀에게서는 그런 면이 전혀 보이지 않았다. 게다가 집에서 더 이상 난폭한 행동이나 자해 행동도 하지 않았다.

정신과 병명에는 증상뿐만 아니라 그 증상으로 인해 사회생활에 지장을 초래한다는 조건이 포함되어 있다. 그래서 병명을 붙일 때는 입원해 있는 동안 환자가 보이는 증상뿐만 아니라 입원 전에 어떠했는가를 반드시 파악해야 한다. 입원해 있는 동안 병동에서 보인 행동만을 가지고 진단명을 붙이면, 부분만을 보고 전체를 판단하는 잘못을 저지를 위험성이 크다.

정신과 의사의 진단명은 법원에서 판사가 내리는 판결이 아니다. 의사가 진단명을 붙이는 이유는 환자를 돕기 위해서지 심판하기 위해서가 아니다. 정신과 의사가 진단을 내릴 때는 가능한 한 정상의 범위는 최대한 늘리고 비정상의 범위는 최소한으로 줄여야 한다. 그래야 진단의 남용과 오용을 막을 수 있다.

부모의 죄책감을 이용하지 마라

조현병을 앓고 있는 한 20대 여자 환자가 있다. 처음 발병했을 때 날 찾아왔고 치료를 통해 아주 좋은 상태로 호전되었다. 그런데 환자의 어머니가 귀가 얇아 주위 말을 듣고는 약을 못 먹게 한 후 재발되었다. 급한 마음에 병을 뿌리째 뽑아 준다는 말만 믿고 다른 병원에 장기간 입원시키는 바람에 환자의 상태가 더 나빠졌다. 어머니는 전화로 너무 죄책감이 들어 날 찾아올 면목이 없다고 했다. 집에서도 다른 가족 구성원으로부터 비난을 받아 고통스럽다고 했다.

이런 경우는 자주 있다. 가족이 환자를 위해 점을 치거나, 굿을 하거나, 한약을 먹인다고 말하면 어떤 의사는 부모를 꾸짖는다. 환자의 상태가 나빠졌을 때는 자기 말을 듣지 않아서 그렇게 되었다며 부모의 죄책감을 건드리기도 한다. 죄책감을 느낀 부모는 이전보다 더 의사에게 의존하게 된다.

그러나 어느 부모가 일부러 그렇게 하겠는가? 답답해서 그랬을 수도 있고 더 좋게 하려고 하다 보니 그렇게 된 것이다.

부모에게 그런 쓸데없는 짓을 했다며 죄책감을 안겨 주는 것은 내가 부모보다 환자를 더 사랑한다는 말과 같다. 가당치 않은 말이다. 부모보다 환자를 더 사랑하는 의사가 그리 흔하겠는가?

그러니 부모가 죄책감을 느낄 때는 오히려 달래 주고 위로해 주어야 한다. 부모의 죄책감을 이용해서 결과적으로 자신에게 더 의존하게 만드는 의사는 사이비 종교인과 다를 바 없다.

이번 경우에도 환자의 어머니에게 "더 좋게 하려고 하다 보니 그런 것 아니겠어요? 다시 회복될 것이니 너무 걱정하지 마십시오"라고 위로했다.

나머지 가족 구성원에게도 "24시간 환자를 생각하는 모친보다 더 환자를 생각하는 사람이 있으면 어머니를 비난하십시오"라고 한마디 했더니 모두 다 조용해졌다.

지식과 지혜

　세상에는 괴로워하는 사람들이 많다. 괴로운 이유도 다양하다. 남편의 외도로 괴로워하는 여자, 자식을 좋은 대학에 보내지 못해 괴로워하는 여자, 아들이 결혼하려는 여자가 마음에 들지 않아 괴로워하는 부모, 자식을 잃고 괴로워하는 부모, 사업 실패로 괴로워하는 남자, 승진을 못 해서 괴로워하는 남자, 여자의 사랑을 얻지 못해 괴로워하는 남자. 이 모든 괴로움에 대한 대답은 지식이 아닌 지혜와 연결되어 있다.

　사람들은 지식이 많으면 지혜도 함께 깊어질 것으로 생각한다. 부분적으로 맞는 말이다. 많은 책을 읽고 공부하다 보면 자신의 이상적인 모델을 찾게 되고, 또 좋은 글귀를 통해 간접 경험을 하게 되면 지혜도 많아진다. 그러나 꼭 비례하는 것은 아니다.

　내가 왜 지식과 지혜 이야기를 하느냐 하면, 정신과에 오는 사람 중 많은 사람이 지식이 아닌 지혜로 대답할 수 있는 문제를 가지고 방문하기 때문이다. 우습게도 환자들은 지혜에 대해 묻는데 정신과 의사는 지식으로 대답하기도 한다. 그러니 묘한 상황이 벌어진다. 번지수를 잘못 찾은 것이다.

환자들은 정신과 의사가 지식뿐 아니라 지혜도 많을 거라는 환상을 가지고 찾아온다. 삶의 고통을 덜어줄 수 있는 비법을 알려줄 거라는 기대를 하고 정신과를 찾는다. 그러나 정신과 의사들이 정신질환에 대한 지식의 양에 비례하여 지혜로운지는 의문이다. 어쩌면 더 부족할지도 모른다. 왜냐하면 정신과 전문의를 취득할 때까지 정신의학과 연관된 부분 이외에는 관심을 덜 가지기 때문이다. 의학이라는 학문 자체가 방대한 양의 지식을 습득해야 하므로 주로 기계적으로 암기하기에도 바빠 생각하는 힘을 기르는데 시간을 쓰기 어렵다.

정신과 의사는 환자가 삶의 고통을 이야기하면 그 괴로움으로 인한 불안과 우울과 불면에 초점을 맞추어 불안 치료제와 우울 치료제와 수면제를 처방한다. 그렇게 하는 이유는 지혜에 근거한 대답을 모르기 때문이다. 공부해 본 적이 없어서 모르는 것은 너무나 당연하다.

그런데 때때로 환자 보호자 중에 지혜로운 분들이 있다. 삶을 통해 지혜를 배운 것이다. 그들은 늘 이런 식으로 말을 꺼낸다.

"배운 게 별로 없는 이 늙은이가 뭘 알겠냐마는." 그리고는 가슴에 새겨 놓을 만한 가르침을 일상 용어로 던진다.

다이어트를 예로 들어 보자. 과학적 지식에 근거해서는 탄수화물 섭취를 최대한 줄여라, 그렐린과 렙틴 물질이 문제다, 스트레스를 받으면 식욕이 증가하니 스트레스를 줄여라, 술도 마찬가지다, 등등.

그러나 지혜로운 자가 말하는 다이어트는 단순하다. 정해진 시간에 자고 일어나라, 소박한 식사를 해라, 늘 고마워하고 욕심 부리지 마라, 자연의 순리를 받아들여라, 가능하면 걸어 다녀라 등이다.

　　내 어릴 적에는 지식은 적어도 지혜로운 사람이 많았다. 그러나 지금은 그 반대다. 지식은 넘쳐나지만 지혜는 고갈되어 가는 이 사회에서 내면의 행복을 찾으려면 지식의 다이어트가 필요하다. 주어진 일상을 담담하게 살아가는 것이 필요하다.

손톱으로 이마를 파는 소녀

응급실 당직 날, 응급실에서 10대 초반의 소녀를 처음 보았을 때 조금은 끔찍했다. 소녀는 손톱으로 이마의 피부를 뜯고 있었는데 상처에서 계속 피가 흘러나와도 그 행동을 멈추지 않았다. '피부 뜯기'로 강박장애의 일종이다.

그날 밤 꿈을 꾸었다. 꿈속에서 빈디(인도 여성의 이마 가운데에 찍은 붉은 점)를 찍은 한 어린 소녀가 나타났다. 그런데 이마의 빈디가 벌레처럼 꿈틀거리면서 살 속 깊이 파고들었고, 곧 그 부위에서 피가 흘러나와 붉은 꽃으로 변해 어린 소녀의 이마에 피었다. 내가 놀라 그 꽃을 보니 꽃이 어느새 붉은색 진주가 되어 그 소녀의 이마에 박혀 있었다.

잠에서 깨었을 때 전날 저녁에 응급실에서 본 소녀가 생각났고, 인도를 여행했을 때 보았던 많은 인도 여성들이 떠올랐고, 며칠 전에 내가 쓴 〈아름다움은 고통의 꽃이다〉라는 글이 생각났다. 그것이 서로 연결되어 그런 꿈을 꾼 것으로 보인다. 응급실에서 처음 본 소녀의 모습이 나에게는 끔찍했던 모양이다. 그 소

녀가 자신의 상처를 잘 극복하기를 바라는 내 소원이 꿈에서나
마 성취된 모양이다.

아름다움은 고통의 꽃이다

사람들은 고통 때문에 정신과 외래를 찾는다. 그 고통의 원인
은 다양하지만 가장 흔한 것이 상실이다. 가지고 있던 것을 잃어
버렸을 때 고통을 느끼며 중요한 것일수록 고통은 더 크다. 심한
병에 걸려 건강을 잃었을 때 좌절하며, 사랑하는 사람을 잃었을
때 고통에 울부짖는다. 그보다는 덜하지만 재산을 잃었을 때도
괴로워한다.

상실의 고통 때문에 외래를 찾아온 많은 사람을 대하면서 나
는 고통에서 아름다움이 탄생하는 것을 가끔씩 본다. 고통이 아
름다움으로 승화되는 것이다. 사고로 아들을 잃은 아버지가 죽
은 아들의 보상금 전액을 사회를 위해 내놓을 때, 뇌사 상태에 있
는 딸의 장기를 기증할 때 그런 분들이 아름다운 사람이라는 말
밖에는 달리 표현할 길이 없다. 그런 경험을 통해 나는 누군가가
진정으로 아름다운 사람인지 아닌지는 상실의 고통을 겪을 때
어떻게 대응하는가를 보고 알 수 있다는 믿음을 갖게 되었다.

아름다움은 고통으로부터 탄생한다. 그래서 〈아름다움은 고
통의 꽃〉이다. 불교에서 연꽃을 가장 아름답다고 하는 이유는
진흙 속에서도 아름답게 피기 때문이다. 불교에서 진주를 가장
아름다운 보석이라고 하는 이유는 조갯살의 상처와 고통을 통해

진주가 만들어지기 때문이다. 외부로부터의 불순물이 조갯살을 파고들어 그 상처가 고통을 통해 진주가 되는 것이다. 진주가 아름다운 보석이라면 그 보석은 고통과 상처가 승화된 것이다.

희망은 삶을 살아가는 힘이다

환자를 대할 때 내가 중시하는 것 중의 하나는 환자에게 희망을 심어 주는 일이다. 근거 없는 낙관론은 위험하지만 그렇다고 아무런 희망이 없는 미래는 더욱 암울하기 때문이다. 희망을 가져야 환자 스스로 변하고 싶다는 동기를 가지게 되고 그것이 바로 치료의 출발점이 된다. 환자에게 있어 미래에 대한 희망은 단순한 미사여구나 구호가 아닌 삶을 살아가는 힘이다.

"선생님, 평생 죽을 때까지 약을 먹어야 한다는데 사실입니까?" 다른 곳에서 치료받고 있던 환자가 나를 찾아와 묻는다.

"아닙니다. 좋아지면 언제라도 약을 끊을 수 있습니다."

일부 정신과 환자는 당뇨병이나 고혈압 환자와 마찬가지로 오랫동안 약을 먹어야 한다. 그러나 이런 환자 경우에도 예외는 있다. 인간이기 때문이다. 과학에서의 수치는 단지 통계 자료일 뿐이다.

의사는 부정적인 말보다는 긍정적인 말을 사용해야 한다. 조현병 환자의 경우 예후에 대해 다음 두 가지 방식으로 말할 수 있다.

"정신과 치료를 받으면 100명 중 70명이 회복됩니다."

"정신과 치료를 받아도 100명 중 30명은 회복되지 않습니다."

어떤 식으로 말하는 것이 환자에게 도움이 되겠는가? 당신이 혹은 당신의 자녀가 환자가 되었을 때 의사로부터 어떤 말을 듣는 것이 더 희망을 품게 되는지를 생각해 보면 된다.

이런 이유로 내가 싫어하는 의사는 환자에게 희망을 잃게 하는 말을 쉽게 내뱉는 의사이다. 의사가 환자에게 말할 때는 신중하고 또 신중해야 한다. 의사는 모든 것을 환자의 시각에서 보아야 한다. 어떻게 하면 희망을 안겨줄 것인지 환자 얼굴을 떠올리면서 틈만 나면 궁리해야 한다. 자신이 치료하고 있는 환자 중에서 경과가 좋은 환자를 경과가 나쁜 환자에게 소개해 주는 것도 한 가지 방법이다.

"선생님, 앞으로 제가 나을 수 있을까요?"

환자가 물으면 나는 언제나 단호하게 말한다.

"그럼요. 당연히 좋아지지요."

벤자민 버튼의 거꾸로 가는 시계

일반적으로 나이가 들수록 특정한 무엇에 대한 감정이 무디어진다. 게다가 직업으로 삼은 일이라면 더욱 그러하다. 그런데 내 경우에는 나이를 먹을수록 외래에서 만나는 환자들의 슬픔이 더 강하게 다가온다. 처음에는 무심코 지나쳤지만 점점 그 강도가 심해져 어떤 때는 견디기가 힘들다.

날이 갈수록 '저런 상태에서 어떻게 살아갈까' 하는 안타까운 마음이 든다. 왜 그런가 생각해보지만 명쾌한 대답을 찾을 수가 없다. 한 가지 가능성은 정신분석을 공부한 후로 이런 현상이 발생했기에 정신분석 공부와 연관이 있지 않을까 하는 정도다. 어쩌면 동일시를 자주 하다 보니 그들의 고통을 나의 고통으로 받아들이는지도 모르겠다.

이유야 어찌 되었건 나는 이런 현상이 싫다. 괴로운 것이 싫다. 그냥 거리를 두고 초연하게 대하고 싶은데 그게 잘되지 않는다. 그래서 외래 보고 난 후에는 한잔 술로써 마음을 달랜다. 가능하면 빨리 정신과 의사를 그만두고 싶다.

　다른 정신과 의사들도 그런가 싶어 30년 정도 경력의 내 또래 의사들에게 물어보니 별로 그렇지 않다고 한다. 세월이 지나 갈수록 이게 직업이라는 생각이 들어 오히려 편해진다고 한다. 지겹다는 감정은 들지만 나처럼 괴롭다는 느낌은 들지 않는다고 한다. 그렇다면 나에게 문제가 있는 거다. 나만 〈벤자민 버튼의 거꾸로 가는 시계〉를 찬 꼴이 된다.

　오늘 새벽 일찍 눈이 떠져 이 현상에 대해 곰곰이 생각해 보다가 문득 그럴듯한 설명을 떠올렸다. 이름하여 〈빛과 색의 관계〉다.
　사진을 찍을 때 빛이 강하면 색이 죽는다. 반대로 빛이 약한 초저녁이나 구름 낀 날에는 색이 살아난다. 빛이 청춘을, 색이 감정을 상징한다면 내가 나이 들어 청춘의 빛을 잃어버렸기 때문에 감정이 더 살아나는 것은 아닐까 하는 생각이 들었다.
　그렇다면 다른 정신과 의사는 왜 그렇지 않은가 하는 의문이 떠올랐다. 그것에 대해서는 '사람마다 다르겠지'라는 말 밖에 달리 생각나는 것이 없다.

〈인연〉과 〈연결〉

정신과 전문의가 된 이후로 나는 자살 위험성이 아주 높은 환자에게는 내 핸드폰 전화번호를 주었다. 그리고 자살 충동이 들면, 자살하지 않으면 도저히 견딜 수 없을 것 같을 때 나에게 전화하면 언제든지 받겠다고 약속했다. 그러나 자살을 시도한 후에 전화를 걸면 대화를 나누지 않을 것이라는 점도 분명히 했다.

그동안 많은 환자로부터 핫라인을 통해 전화를 받았고 그들은 나와의 대화를 통해 자살 위기를 넘길 수 있었다. 자살하려고 하는 사람은 자살 시도 직전까지 '내가 꼭 죽어야 하나?' 하는 마음과 '차라리 죽는 게 낫다'라는 마음이 충돌한다. 그 위기의 순간을 넘기는 게 중요하다. 그러면 다시 삶을 시작할 수 있다.

자살하려는 환자에게 내가 전화로 전하는 메시지는 언제나 두 가지다. 하나는 '당신은 혼자가 아니다'이고 다른 하나는 '모든 것은 지나간다'이다. 위기 상황에서 환자에게 전달되는 메시지는 단순해야 하고 확신에 차 있어야 한다.

내가 받았던 전화 중에 가장 기억에 남는 것은 조울 정신병을 앓고 있던 한 30대 여자 환자가 심한 우울에 빠져 목을 매달려고 하기 직전인 새벽 2시경에 받은 전화다. 그때 그녀는 이렇게 말했다.

"이 외로운 순간에, 칠흑과도 같은 어둠 속에서 교수님과 이렇게 연결되어 있다는 것이, 내가 혼자가 아니라는 느낌이 너무 고맙습니다."

그녀와 나는 깊은 밤 전화로 많은 대화를 나누었고 다음 날 그녀는 입원했다.

오늘 새벽 2시에 눈을 떴다. 잠이 오지 않아 연구실에 가려고 하다가 오전 진료에 지장을 줄까 봐 그냥 누워 있었다. 침대 위에서 엎치락뒤치락하다가 문득 앞에 언급한 그녀가 생각났다. 10년도 지난 아주 오래전의 일이다. 핫라인으로 통화했던 다른 환자들도 생각났다. 그리고 〈인연〉과 〈연결〉이라는 두 단어가 떠올랐다.

정신과 집을 짓는 것에 대하여

1987년에 정신과 전공의 생활을 시작했으니 현재까지 37년째 정신과라는 집을 짓고 있다. 그동안 나름대로 열심히 집을 지었지만 지나고 보니 느끼는 점이 많다.

처음 집을 지을 때는 먼저 집을 지은 선배들로부터 여러 가지 좋은 이야기를 들었지만 뭔가 부족하다는 생각이 들었다. 그리고 미국에 다녀온 후에 새로 집을 짓기로 결심하고 그동안 애써 지어놓았던 모든 구조를 허물었는데 돌이켜 생각해 보니 잘한 결정이었다.

내가 제일 처음 저술한 『정신분열병을 극복하는 법』(1995)이라는 책은 지금도 찾는 사람이 꽤 될 정도로 환자와 가족들에게 많은 도움을 주었다고 생각한다. 아마 그쪽 방향으로 계속 집을 지어 갔더라면 지금과는 다른 꽤 괜찮은 집을 완성할 수 있었으리라.

그러나 50대 들어 영화와 정신분석과 그리스 신화와 철학을 공부한 이후로, 정신과 집을 짓는 것에 대한 내 생각은 완전히 달라졌다. 뿌리부터 변했다고 하는 표현이 맞으리라.

국내 정신과의 토대는 미국 정신의학 진단 기준 체계인 DSM
에 전적으로 의존하고 있다. 그것으로 기둥을 세우고 그것으로
인테리어를 하는 것이다. 그러나 내가 여러 분야의 공부를 해 보
니 DSM 진단 체계로 인간의 정신을 평가한다는 것이 얼마나 허
술한지 깨닫게 되었다. 유용성은 있지만 그물코가 너무 넓어 그
물에 걸리는 것보다는 걸리지 않는 것이 훨씬 많다는 것을 알게
되었다.

인간을 이해하는 길은 다양하다. 각각의 길마다 장단점이 있
으니 어느 길이 더 낫다고 말하기는 어렵다. 그러나 인문학적으
로 사유하는 힘이 없으면 치료를 잘하는 정신과 의사가 되기 어
렵다는 것은 확실하다. 생각하는 힘이 있어야만 환자가 앉아 있
는 의자에 앉아 환자의 시선으로 볼 수 있기 때문이다. 전적으로
DSM 진단 체계에만 의존하여 인간의 마음을 이해하려는 것은
손바닥으로 하늘을 가리는 것과 같이 어리석다.

오늘 정신과를 처음 시작하는 전공의 선생들에게 이렇게 말
했다.

"오늘부터 정신과 집을 짓기 시작했습니다. 현실적으로 살아
남으려면 전문의 시험에 통과해야 하고 그러기 위해서는 일단
DSM 진단 체계라는 기둥을 가지고 집을 지어야 합니다.

그러나 정신과 전문의 자격증을 받은 후에는 그 구조물을 계
속 유지할 것인지, 아니면 리모델링을 할 것인지, 아니면 아예 부
수고 새집을 지을 것인지 결정해야 합니다. 어떤 집을 지을 것인
지는 전적으로 자신에게 달려 있습니다. 환자들이 와서 치유되

고 도움을 받는 그런 좋은 집을 짓기 바랍니다.

　좋은 집을 짓는데 필요한 건축 자재를 어디서 구할 수 있는지는 제가 말해 줄 수 있지만 집을 대신 지어줄 수는 없습니다. 자기만의 집을 열심히 짓기 바랍니다. 부수고 새로 짓기를 반복하기 바랍니다. 그 과정이 바로 정신과 의사가 되어 가는 길입니다."

어떻게 하다 보니 여기까지

정신분석을 공부한 이후로 자주 지난 일을 생각하게 된다. 더 정확하게 말하면 나 자신에 대해 많은 생각을 하게 된다. 처음에는 〈어떻게 하다 보니 여기까지〉 살아 온 것이라고 생각했다. 영화학 박사 논문을 쓰기 위해 라캉을 공부해야 되겠다고 생각했고, 라캉을 공부하다 보니 프로이트를 공부해야겠다는 생각이 들었다. 표면적인 이유는 분명 그러하다.

그렇다면 영화학 박사 학위를 받은 후에도 왜 계속 정신분석을 공부하는가? 그런 의문이 떠올랐고 그에 대한 대답은 〈어떻게 하다 보니 여기까지〉라는 생각이 들었다. 그런데 〈어떻게 하다 보니 여기까지〉 오게 만든 것은 무엇일까? 하는 의문이 또 들었다. 지식에 대한 호기심, 치료에 대한 도움, 글쓰기에 대한 도움, 폼 나는 그 무엇 등등 여러 가지가 떠올랐다.

침대에 누워 편안한 상태에서 자유 연상에 몸을 맡겼다. 지나간 사건들이 두서없이 떠오르고 흐르고 머무르고 겹쳐졌다. 무관해 보이는 많은 장면들이 서로 흩어지다가 결국은 하나로 모였는데 그것은 초등학교 때 어떤 생각에 잠겨 있는 내 모습이었다. 그것 역시 왜곡된 기억이겠지만, 도대체 나는 누구인가라고 생각하는 모습 같았다.

그러자 정신분석을 공부하는 것은 결국 내가 누구인지를 알고 싶어서구나 하는 생각이 들었다. 〈어떻게 하다 보니 여기까지〉가 아니라 〈여기까지 오기 위해 그 모든 것〉이 필요했구나 하는 생각이 들었다. 그렇게 생각하니 삶의 운명에 새삼 고개를 숙이게 된다.

아직까진 깨닫는 눈이 어둡지만 그래도 묵묵히 공부하다 보면 어쩌면 오이디푸스 왕처럼 육체의 눈을 잃은 후에 마음의 눈이 떠지는 기적을 경험하지는 않을까 하고 소망해 본다. 혜가는 팔을 자르면서 달마로부터 법을 구했는데 나는 너무나 편안하게 공부할 수 있어 고맙고 고마울 따름이다. 눈이 보이지 않을 때까지 계속 공부해 나갈 생각이다.

한 해 진료를 마치며

코로나로 삶의 양상이 완전히 달라진 한 해였다. 다음 주 휴가를 내는 바람에 오늘이 올해 마지막 진료일이다. 마지막 환자는 오스트리아에서 피아노 전공으로 공부하다가 조현병이 발병해 나에게 온 20대 남자다. 그는 현재 국내 음대 대학원 피아노과에 입학해 생활하고 있다. 그는 때때로 흔들리기는 하지만 그래도 지난 2년 동안 잘 지내왔다.

오늘 내가 그에게 새해 인사를 했다.

"너에게는 피아노가 있다. 그 어떤 병도 피아노에 대한 너의 열정을 꺾을 수는 없다. 힘들 때마다 더 열심히 피아노를 쳐라. 피아노를 치기 힘들 때는 피아노를 안고 울어라. 피아노가 너를 구원해 줄 것이다."

〈어떻게 하면 이 환자를 도울 수 있을까?〉는 해마다 내가 정하는 첫 번째 진료 모토다. 진료실 컴퓨터 모니터 밑에 붙여 놓고 있다. 진료실을 나 혼자만 사용하는 것이 아니어서 나만 아는 곳에 나만 아는 신호로 붙여 놓았다. 새해에는 더 열심히 더 따뜻하게 환자의 삶이 회복될 수 있도록 돕고 싶다.

멀리 험한 오지를 찾아 봉사하러 가는 사람들에 비하면 진료실에 앉아서 오는 환자들을 대하는 것은 너무나 쉬운 일이다. 내가 가진 모든 지식과 경험과 지혜로 그들이 회복을 넘어 새로운 삶을 살 수 있도록 노력할 것이다.

어느 해, 정신과 전문의를 취득하고 의국을 나가는 전공의 선생 두 명이 자신들에게 해 주고 싶은 말이 있는지 물었다. 나는 자신이 원하는 대로 삶을 살아가면 된다고 했다. 사람의 모습은 자신이 원하는 대로 만들어진다는 말도 덧붙였다. 내 말이 너무 평범했는지 아니면 성의가 없다고 여겼는지 그들은 조금 더 구체적으로 말해 달라고 요청했다. 나는 〈말은 날아가고 글은 남기에〉 글로 말하겠다고 했다. 이것은 그들의 요청에 대한 나의 글이다.

숯이 다이아몬드에게 묻다

언젠가 숯이 다이아몬드에게 물었다.

"너는 어찌 그리도 단단한가? 우린 같은 탄소에서 만들어진 형제가 아니던가?"

다이아몬드가 숯에게 말했다.

"너는 어찌 그리도 무른가? 왜 그리도 고분고분하며 왜 그리도 굴복하는가? 우린 같은 토양에서 태어났어도 살아온 궤적이 다르다. 너는 사회의 중력에 순응하여 삶의 노예가 되었지만, 나는 사회의 중력을 거슬러 주인이 되었다. 엄청난 압력과 열을 받으면서도 나는 단 한 번도 굴복하지 않았다."

숯이 다시 물었다.

"형제여! 우린 살아 온 환경이 달라도 똑같이 정신과 전문의라는 자격증을 취득했기에 같은 길을 걸어가지 않는가?"

다이아몬드가 다시 말했다.

"내 너를 나와 같은 형제라고 생각하지 않지만 나를 형제라고 부르니 그대에 대한 연민으로 말하겠다. 귀를 열고 새겨들어라.

정신과 전문의를 취득하면 누구나 똑같은 정신과 의사라고 생각하겠지만 그건 망상이다. 똑같은 정신과 전문의가 되어도 나는 너와 같지 않다. 전문의 자격증을 생계를 유지하는 수단으로 여기는 너와 전문의 자격증을 더 나은 인간으로 성장하려는 방편으로 생각하는 내가 어떻게 같을 수 있겠는가? 너와 나 사이에는 하늘과 땅만큼 큰 차이가 있다.

형제여! 정신과 전문의만 취득하면 모든 고생이 끝났다며 너의 귀에 속삭이는 그런 인간의 입을 조심해라. 정신과 전문의만 취득하면 이제는 더 이상 공부하지 않아도 된다는 사람들의 입술을 경계해라. 정신과 자격증은 먼 길을 떠나는 사람들의 첫 번째 발걸음에 불과하다.

형제여! 위대한 정신과 의사는 만들어 가는 것이지 저절로 주어지는 것은 아니다. 전문의 자격증이나 의학 박사를 받는다고 되는 것은 아니다. 그것은 극한의 고통을 이겨내면서 끊임없이 공부하는 결과물로 얻어지는 것이다.

절벽에 거꾸로 매달려 매일 매일을 독수리에게 간을 쪼이면서도 결단코 굴복하지 않는 저 위대한 프로메테우스의 정신을 가지지 않는다면 너는 결코 위대한 정신과 의사가 되지 못할 것이다."

숯이 다이아몬드에게 호소했다.

"오, 형제여! 당신의 말은 너무 차갑고 가혹하다. 당신이 말하는 그런 삶은 너무 거칠고 위험하다. 그런 힘든 운명을 나는 받아들일 수가 없다. 나는 좀 더 쉽게 편안하게 살고 싶다. 그러니 달콤한 말로 나를 위로해다오."

다이아몬드가 숯에게 말했다.

"오! 불쌍한 인간이여! 너의 심장에는 왜 그토록 두려움이 많은가? 너의 눈길에는 왜 그토록 받아들일 운명이 조금 밖에 없단 말인가? 삶에 대한 용기와 열정이 없다면 어느 누가, 어느 지식이, 어느 깨달음이 너의 심장에 말을 걸어 오겠는가? 깨달음을 달라며 자기 팔을 달마에게 잘라 바친 혜가의 광기가 없다면 그 어떤 진리의 한 조각이라도 맛볼 수 있겠는가?

너는 순종과 겸손과 인내를 최고의 미덕으로 여기지만 그건 노예들이 지녀야 할 도덕에 불과하다. 그런 도덕은 앞서 걸어간 선배 노예들의 삶을 그대로 따라가게 할 뿐이다. 나는 노예의 도덕을 혐오한다. 나는 열정과 용기와 도전을 최상의 덕목으로 삼는다. 나는 결코 세상의 고정 관념에 순종하지 않고 겸손하게 받아들이지도 않으며 인내하고 양보하지도 않는다. 오직 용기와 열정으로 나 자신의 운명과 삶을 사랑할 뿐이다.

내가 원하는 세상은 맹수가 우글대는 위험한 곳이다. 그 위험이 나를 강하게 단련시킨다. 나는 시련과 위험 속에서 창조하는 자가 되기를 원한다. 창조하는 자가 가장 위대하고 가장 단단하기 때문이다. 청동보다 더 단단하고 철보다 더 단단한, 이 세상에서 가장 단단한 그게 바로 나다. 나는 창조하기 위해 나날이 강해져야 하고 나날이 단련되어야 한다."

숯이 마지막으로 물었다.

"오! 형제여! 그대는 너무 자신을 학대하는 것이 아닌가? 세상을 너무 험하게 보는 것은 아닌가? 나는 환자들에 기대어 환자들을 치료하고 그 돈으로 따뜻하게 살아가고 싶다. 그게 인간적이지 않은가?"

다이아몬드가 마지막으로 대답했다.

"오! 나약한 인간이여! 사회에는 인위적으로 만들어 놓은 쉼터와 모닥불이 있지만 나는 그것을 거부한다. 나는 자연의 일부이고 자연에는 그런 따뜻한 법칙이 없다. 창조하는 자에게는 오직 생존과 극복과 도태가 있을 뿐이다. 창조하는 자의 그런 가혹한 운명을 받아들이지 않는다면, 그리하여 갈라지거나 절단되기가 두려워 삶의 비극을 피해 버린다면 내가 장차 무엇을 창조할 수 있단 말인가? 나는 위대한 정신과 의사의 길 이외에는 그 어떤 길도 생각해 본 적이 없다. 그러니 나를 형제라고 부르는 그대여! 그대는 그대의 길을 가라, 나는 나의 길을 가겠다."

똑같은 정신과 의사라도 숯의 길을 걸어가는 사람이 있고 다이아몬드의 길을 걸어가는 사람이 있다. 숯과 다이아몬드, 그 양극단 사이에서 어떤 광석이 될 것인가는 전적으로 자신에게 달려 있다.

김철권은 1984년에 부산대학교 의과대학을 졸업하고 부산대학교병원에서 정신과 전문의와 의학박사를 받았다. 부산대학교 재학 중에 소설로 부대 문학상을 받았다.

30대 초에 미국 UCLA 정신과학 교실에서 2년 동안 행동치료와 정신재활을 공부하고 돌아와 국내에 정신재활을 소개했고 한국정신가족협회와 한국정신사회재활협회 창립을 주도했다. 40대에 10년 동안 부산광역정신보건센터장, 광역자살예방센터장, 해바라기센터소장, 정신보건사업지원단장을 맡아 지역사회정신의학을 실천했다. 50대 들어 소설가나 철학자가 되고 싶다는 젊은 날의 꿈을 이루기 위해 부산대학교에서 영화 전공으로 예술학 박사 학위를 받았으며, 프로이트라캉 정신분석학회에서 10년 이상 정신분석을 공부하면서 정신분석가 자격증을 취득했다. 동시에 니체철학, 불교철학, 그리스신화와 비극, 사진미학, 타로, 마술 등을 공부했다.

정신의학 분야에서 주 저자로 80여 편의 논문을 쓰고 저서와 번역서 16권을 출판했다. 대한신경정신의학회가 출판한 의과대학 교과서『신경정신의학』에서「정신분열병」(제2판)과「지역사회정신의학」(제3판)을 집필했다. 영화 저널에 영화 논문 30여 편을 게재했다.

1998년에 세계정신사회재활협회가 선정한 정신재활 분야에서 세계에 영향을 미치는 100명의 정신과 의사에 선정되었고, 세계 인명사전에 여러 차례 등재되었다. 보건복지부 장관 표창 3회, 부산시장 표창, 교육감 표창, 얀센 학술상을 포함한 정신의학 분야 학술상과 논문상을 7회 받았다. 현재 동아대학교병원 정신건강의학과 교수로 재직 중이다.

한 정신과 의사의
37년간의 기록

Volume.4

나는 항구다

초판 1쇄 발행 2024년 3월 29일

저자 김철권
사진 김철권
펴낸이 박태희
제작 박재현
디자인 표지 엄인정 | 본문 Flow | 감수 서혜진

펴낸곳 안목
출판등록 제381-2006-000041호
전화 051-949-3253
전자우편 anmocin@gmail.com
홈페이지 www.anmoc.com

Copyright (C) 안목, 2024, *Printed in Korea*

ISBN 978-89-98043-27-8 04330
ISBN 978-89-98043-23-0 04330 (전4권)